Richard. Auteur Schuricht

Auszug aus dem Tagebuche eines Materialisten

Richard. Auteur Schuricht

Auszug aus dem Tagebuche eines Materialisten

ISBN/EAN: 9783741171642

Hergestellt in Europa, USA, Kanada, Australien, Japan

Cover: Foto ©Andreas Hilbeck / pixelio.de

Manufactured and distributed by brebook publishing software (www.brebook.com)

Richard. Auteur Schuricht

Auszug aus dem Tagebuche eines Materialisten

Auszug

aus dem Tagebuche eines

Materialisten.

Von

Richard Schurich

Das Recht der Uebersetzung in fremde Sprachen wird ausdrücklich vorbehalten.

Hamburg.
Hoffmann und Campe.
1860.

Vorrede.

Durch diese kleine Schrift, welche ich heute dem Drucker übergebe, will ich keine Proselyten machen. Wohl aber würde es mir Vergnügen bereiten, wenn sie die Klarheit in der brennenden Frage bei Anderen förderte. Eine eigentliche Aufgabe habe ich mir mit der Veröffentlichung von Bruchstücken meines Tagebuches nicht gestellt. Ich bin zu sehr Materialist, um lobende Anerkennung zu suchen und mache mir Nichts aus dem allgemeinen Anathema.

Berlin, den 4. Januar 1860.

Richard Schuricht.

Inhalt.

		Seite
I.	Unser Standpunkt	1
II.	Nothwendigkeit ein specieller Fall des Zufalls	13
III.	Wirklichkeit und Ideal	19
IV.	Das Prinzip der Selbstsucht	32
V.	Was ist gut?	46
VI.	Trostlosigkeit unserer Lage	64
VII.	Gegen die Gattungstheorie	85
VIII.	Das Spiel	100
IX.	Materialistische Schlußbetrachtung	111

I.

Unser Standpunkt.

Drei verschiedene Versuche hat der Mensch gemacht, um sich und sein Handeln mit der Außenwelt in Einklang zu setzen. In den ersten Zeiten, als der Vorrath der Erfahrungen noch unendlich klein war*), da war es die Phantasie, welche versuchte, die Bedingungen des menschlichen Daseins nach Maßgabe menschlicher Hoffnungen in bilderreicher Sprache auszudrücken. Aus dem Bedürfnisse zu träumen entwickelten sich durch die Phantasie Religionen. Sowie der Mensch sich durch die Zeichensprache verständlich zu machen sucht, bevor er seine Gedanken in Worte fassen lernt, so äußerte sich die Religiosität des Menschen zuerst durch die Symbolik, dann durch die Dogmatik. Je farbenreicher die Bilder sind, welche sich die Phantasie vorgaukelt, je gewundener, je unverständlicher die Dogmen sind, desto wohler fühlt sich der Religiöse. Orakel machten von jeher den größten Eindruck, wenn sie recht unverständlich waren. Es ist ja bekannt: gewöhnlich glaubt der Mensch, wenn er nur Worte hört, es müsse sich dabei doch auch was denken lassen und ein vollkommner Widerspruch bleibt gleich geheimnißvoll für Kluge wie für Thoren. Wer das nicht glaubt, der lese die Offenbarung Johannis, welche schon der Gegenstand des

---

*) Feuerbach sagt: Gott ist der den Mangel der Theorie ersetzende Begriff.

Studiums der geistreichsten Leute war und gleichzeitig von
den größten Dummköpfen bewundert wird. Oder er erinnere sich daran, daß die Christenheit sich fast zwei Jahrtausende im Nachgrübeln über die Dogmen der Dreieinigkeit
und unbefleckten Empfängniß den Kopf zerbrochen hat.
Das eigene Ideal nannte der Mensch Gott und personificirte es. Sein eigenes ideales Streben nannte er die
Gebote dieses Gottes. Gott war ihm der Superlativ seines idealen Selbstes. Ganz recht nennt Feuerbach die Religion die erste, indirecte Selbsterkenntniß des Menschen.
Denn der kürzeste, weil einzig richtige, darum gerade, directe
Weg ist der Weg der Erfahrung, die Wissenschaft. —
Als der Vorrath der Erfahrungen größer geworden,
versuchte die Speculation, mit einem gegebenen Vorrathe von
Wahrnehmungen die Bedingungen des menschlichen Daseins
nach Maßgabe der Denkbarkeit in Worten auszubilden.
So entstand die Philosophie, welche neben vielem Richtigen
auch viel Unsinn als Wahrheit aufstellte, jenes Wortgeklingel,
welches man in seiner höchsten Ausbildung Sophisterei nennt.
Worte sind willkürliche Bezeichnungen für die Dinge, welche
wir nicht begreifen können. In Wahrheit: Eben weil wir
Nichts in der Welt begreifen können, darum bedürfen, darum haben wir Worte. Man sieht, daß Göthe vollkommen
Recht hat, wenn er sagt: Da wo Begriffe fehlen, da stellt
zur rechten Zeit ein Wort sich ein. Ich sagte, daß wir
überhaupt Nichts in der Welt begreifen können. Begreifen
läßt sich überhaupt nur das, was greifbar ist und weil unsere Organe nicht unendlich, nicht vollkommen sind, darum
läßt sich das nicht begreifen, was keine Grenzen hat. Es
läßt sich aber mit Bestimmtheit nachweisen, daß es in der
Welt keine Grenzen giebt und daraus folgt unmittelbar, daß

wir Nichts begreifen können. Weil wir nun Nichts begreifen können, darum haben wir für Alles Worte. —

Einer der wichtigsten Erfahrungssätze ist: „Es giebt keine Grenzen." Am deutlichsten lehrt dies die Geologie; sie beweist, daß aus den Mineralien auf chemischem und mechanischem Wege, vornehmlich durch den zersetzenden Einfluß der Atmosphäre und des Wassers, sich dammsaure Erde entwickelt hat, daß aus der dammsauren Erde Moose, Pilze und Pflanzen von immer complicirterer Organisation sich entwickelt haben. Wir sehen in der Botanik, daß alle Pflanzen vom einfachsten Moose an bis zum fruchttragenden Baum eine große aber ununterbrochene Kette bilden, das von einem genus zum anderen, von einer species zur anderen sich immer ein Uebergangsglied vorfindet, daß man demnach nicht sagen darf, die Ceber, die Palme sei nicht durch Urzeugung entstanden, wenn man nicht das Gleiche von den Moosen und Flechten sagen darf. Wenn wir aber wissen, daß die Letzteren durch Urzeugung entstehen, so müssen wir sagen: Alle Pflanzen sind durch Urzeugung entstanden. Aber nun fragt es sich: „Gehören die Pflanzenthiere nicht auch zum Pflanzenreiche?" Man wird sagen: Auch sie sind durch Urzeugung entstanden. Weiter wird man fragen: Muß man nicht ebenso gut als die Pflanzenthiere alle Thiere als durch Urzeugung entstanden annehmen, da ebensogut wie die Pflanzen bis zu den Pflanzenthieren, die Thiere von den Pflanzenthieren an eine einzige ununterbrochene Kette bilden? Man sieht, daß die Eintheilung der Natur in drei Reiche eine durchaus willkürliche ist und daß es in der That keine Grenzen und darum auch keine Begriffe giebt.

Je unklarer, je poetischer uns ein Ding erscheint, desto mehr Namen pflegen wir ihm zu geben. Weil wir dem

Worte eine zu hohe Bedeutung beilegen, weil wir diesen willkürlichen Bezeichnungen für die Dinge, welche wir nicht begreifen können, gern einen bestimmten Werth zuschreiben möchten, so laufen wir fast immer Gefahr, die Sprache für mehr anzusehen als sie ist; sie ist ein mangelhaftes Mittel zum Ausdruck unserer Gedanken, wir aber erlauben uns, aus diesem Conglomerat von Unklarheit Rückschlüsse auf die ewig klaren Thatsachen zu machen. Wenn man wissenschaftliche Folgerungen machen will, so muß man sich der Sprache nur mit der höchsten Vorsicht, ja mit Mißtrauen bedienen. Nur gar zu leicht läßt man sich dem Wohllaut einer klarklingenden Redensart zu Lieb zur Oberflächlichkeit verleiten. Nicht Alles, was sich sagen läßt, ist denkbar und nicht Alles was denkbar ist, ist wirklich; und dennoch wagt man es, den Thatsachen das Wort gegenüberzustellen. Und doch sagt der Philosoph: Was nicht logisch ist, das kann auch nicht wirklich sein. Ja, der Mensch ist in seiner Wortvergötterung soweit gegangen, seinem Wort eine stoffliche Wirkung zuzuschreiben; ich erinnere nur an die Zaubersegen, Beschwörungsformeln, an das Versprechen, Besprechen, ja an die in der christlichen Religion befindlichen religiösen Formeln. So ist es erklärlich, warum der Zweckmäßigkeitstheoretiker sagt: Im Anfang war das Wort und das Wort war bei Gott und Gott war das Wort. Das heißt: Im Anfang war die Formel, diese Formel entsprang aus der Zweckmäßigkeitstheorie und unser Ideal war die formalirte Zweckmäßigkeitstheorie. — Weil nun, wie wir gesehen haben, das Wort eine willkürliche Bezeichnung ist, darum läßt sich mit Worten Alles beweisen. Freilich sollte man nur eine empirische Beweisführung einen eigentlichen Beweis nennen. Eine empirische Beweisführung aber setzt einen schon ziemlich bedeutenden Wissensvorrath voraus und diesen hat erst die Neuzeit sich erworben. Deshalb nennen, wenn auch mit Unrecht noch jetzt, unsere Theologen und subjectiv Speculirenden ein siegreiches Wortgefecht einen Beweis.

Mit Worten läßt sich trefflich streiten,
Aus Worten ein System bereiten,
An Worte läßt sich trefflich glauben
Von einem Wort läßt sich kein Jota rauben! —

Um den Bedürfnissen der Religion zu genügen, welche einer objektiven Weltanschauung geradezu entgegenstehen, hat es die Philosophie in der Abstraktion oder Subjectivität erstaunlich weit gebracht. Die Welt ist die Schranke der Subjectivität des Menschen. Die Phantasie, die Speculation überspringen diese unerträglich lästige Schranke ohne doch eigentlich über sie hinwegzukommen. Der subjectiv Speculirende will die Welt aus seinem eigensten Bewußtsein construiren. Er wendet seine Blicke von den Gegenständen ab, um ja recht abgezogene Begriffe zu erhalten, er vergißt, daß es unmöglich ist, etwas zu wissen ohne ein Verhältniß des Beobachters zum beobachteten Gegenstande, daß alles Sein ein Sein durch Eigenschaften ist, und daß es keine Eigenschaft giebt, welche sich anders kundgiebt, als durch dieses Verhältniß (Moleschott). Der Stoff, welcher die Metalle oxydiren macht, den nennen wir Sauerstoff. Die Untersuchung der Sauerstoffverbindungen mußte der Entdeckung des Sauerstoffs vorangehen. Warum haben die subjectiv Speculirenden noch keine Entdeckung ohne Apparate aus ihrem innersten Bewußtsein gemacht?

Zwar fängt man in neuester Zeit an, die Mathematik zu den Erfahrungswissenschaften zu rechnen, aber es giebt noch immer Leute, welche die Mathematik für ein Product der menschlichen Denkkraft halten, welches mit der Erfahrung nicht die geringsten Berührungspunkte habe. Und doch sind dem Menschen die Grundsätze, auf welchen die ganze Mathematik basirt, nicht angeboren; sie sind vielmehr recht eigentliche Erfahrungssätze, sie lassen sich nicht mathematisch, wohl aber empirisch beweisen. Also: die Basis der Mathematik ist die Erfahrung. — Aber selbst an diesen Grundsätzen läßt sich die Mathematik nicht genügen, sie sieht sich wiederholt genöthigt, noch von Zeit zu Zeit an die Erfahrung zu appelliren. So benutzt sie z. B. mit Vortheil die Schwerpunktsgleichung aus der Mechanik zur Inhaltsberechnung der Körper. Man hat all unser Wissen auf Zahlen zurückführen wollen und deshalb der Zahl einen absoluten Werth beizulegen gesucht. Um aber zu dem Begriff der Zahl zu gelangen, müssen wir eine beliebige Zahl annehmen und sie mit einer anderen beliebigen Zahl vergleichen, welche das Maaß der Vergleichung ist. Dieses beliebige Maaß der Vergleichung nennen wir Einheit. Wenn aber die Einheit beliebig ist, so ist die Zahl überhaupt beliebig, d. h. sie ist von keinem absoluten Werthe. Das Wesentliche bei Entscheidung der Frage, ob die Mathematik Erfahrungswissenschaft sei oder nicht, ist die Definition des Begriffs der Zahl. Die Zahl ist das Factotum der Mathematik. In der Chemie sind die Grundstoffe das, was in der Mathematik die Zahlen sind. Die chemische Analyse ist die Aufsuchung der Verbindungen, welche die Grundstoffe eingehen können, die mathematische Analyse ist die Aufsuchung der Verbindungen, welche die Zahlen in einem beliebig angenommenen Falle eingegangen sind. Die chemische Analyse ist die Aufsuchung der Verbindungen, welche der Stoff in Rücksicht auf seine Qualität, die mathematische Analyse die Aufsuchung der Verbindungen, welche der Stoff in Rücksicht auf seine Quantität eingehen kann. Im ersteren Falle gelangen wir zum chemischen, im anderen Falle zum mathematischen Gesetz. Man hat der Mathematik daraus ein Verdienst machen wollen, daß man sie auf alle Dinge in der Welt anwenden könne. Die Mathematik resultirt aus der Betrachtung der Massen, des Raumes und muß sich immer da finden, wo Massen sind d. h. in der ganzen Welt. Deshalb müßen wir sie bei allen Betrachtungen von Stoffverbindungen berücksichtigen. Wäre die Mathematik, wie Kant behauptet, eine rein spekulative Wissenschaft, so müßten alle Ergebnisse derselben richtig sein, d. h. mit der Wirklichkeit übereinstimmen. Ist die Einheit möglich, so müßten alle Zahlencombinationen möglich sein. Das heißt: Wenn $\sqrt{4}$ den reellen Werth ± 2 giebt, so müßte auch $\sqrt{-4}$ einen möglichen Werth geben d. h. einen Werth, welcher sich auch in der Wirklichkeit auffinden läßt. Die Speculation gebe eine Antwort auf unsere vollkommen berechtigte Frage, warum wir aus einer negativen Größe die Wurzel nicht ziehen können, warum die imaginären Zahlen der Wirklichkeit widersprechen. Wir, die wir die Mathematik für eine Erfahrungswissenschaft erklären, antworten einfach: Wir können nicht aus einer negativen Größe die Wurzel ziehen, weil wir die Erfahrung machen, daß wir durch die Rechnung keine reellen Werthe erhalten. Der subjectiv Speculirende versuche es, eine Antwort auf jene Frage zu geben, welche auch nur annähernd sich an Klarheit und Bündigkeit mit der von uns gegebenen Antwort vergleichen ließe. Obwohl nun die subjective Speculation vorgiebt, der sinnlichen Vorstellungen entbehren zu können, so bedient sie sich doch der sinnlichen Vorstellungen von Raum und Zeit. Ich sage, daß Raum und Zeit sinnliche Vorstellungen sind, weil wir sie nur durch die sinnliche Wahrnehmung der Bewegung d. h. der räumlichen Veränderung, durch das Nebeneinander und Nacheinander finden können. Nicht minder belehrend als wir oben die Natur der Grundsätze fanden, ist die Natur der Messungen. Denn obwohl wir verschiedene Benennungen für die Messungen des Raumes, der Zeit, der Temperatur, des Wetters u. s. w. haben, so beruht die Messung selbst doch immer auf der nämlichen grobsinnlichen Procedur, welche darin besteht, daß wir die räumliche Veränderung messen. — Feuerbach spricht es kurz und richtig aus: „Das Ding an sich, das ist das „Ding für mich. — Den Unterschied zwischen dem Gegen„stand, wie er an sich und wie er für mich ist, kann ich nur „da machen, wo mir ein Gegenstand wirklich anders er„scheinen kann wie er ist und wie er mir erscheinen muß. „Das absolute Wesen des Menschen ist sein eigenes Wesen; „die Macht des Gegenstandes über ihn die Macht seines „eigenen Wesens; so ist die Macht des Gegenstandes des „Gefühls die Macht des Gefühls, die Macht des Gegen„standes der Vernunft die Macht der Vernunft."

Feuerbach erklärt zwar, (Wesen des Christenthums S. IX) daß er seine Gedanken nur auf Materialien gründen wolle, aber es ist leicht einzusehen oder auch schwer einzusehen, wie er das Wort „Materialien" versteht, wenn er schon auf der folgenden Seite den Gedanken ein Gegentheil des Stoffes, des Wesens, der Sinne nennt.

Die Philosophie ist die zweite Indirecte Selbsterkenntniß des Menschen. Bei einer objectiven Weltanschauung trennt man nicht Körper und Geist, denn man erkennt sie als zusammengehörig. Aus der Identität von Körper und Geist folgt jedoch unmittelbar, daß die Schranke des Körpers auch die Schranke des Geistes ist.

Während viele klare Köpfe ihre Kräfte auf dem unfruchtbaren Boden der Abstraktion vergeudeten arbeiteten die Freunde der Wissenschaft anfangs still, dann immer hörbarer im Schachte des Wissens und förderten ein ansehnliches Stück Wissen nach dem anderen zu Tage. So ist denn in unserer Zeit der Vorrath der zu Tage geförderten Erfahrung so groß geworden, daß er uns ein Urtheil über den ganzen Wissensschacht ermöglicht. Zwar sind wir noch unendlich weit entfernt, Alles zu wissen, aber die Umrisse und Grundwahrheiten der Naturwissenschaften stehen fest.*) Stoßen**) wir auch hin und wieder auf Schwierigkeiten, zu deren Lösung unsere specielle Kenntniß nicht ausreicht, so werfen die feststehenden Grundwahrheiten doch ein zu helles Licht als daß wir eine andere als die naturgemäße Lösung vermuthen könnten. Solche Grundwahrheiten sind: Die Kraft ist eine Eigenschaft des Stoffs. Der Stoff ist unsterblich. Es giebt keine Grenzen u. s. w.

Nur das Reelle verdient, zum Ausgangspunkt unserer Betrachtungen gewählt zu werden; das Reellste in der Welt ist aber der Stoff. Sophisterei hat versucht, die Realität des Stoffs zu bestreiten. Die dynamische Hypothese erklärt sogar den Stoff für eine Funktion der Kraft und selbst Büchner ist noch ungewiß,***) ob der Stoff eine Funktion der Kraft sei oder die Kraft eine Funktion des Stoffs. Die Kraft wäre die unabhängige (willkürlich gewählte) Größe,†) der Stoff wäre die unabhängige Größe. Nun fragt es sich:

*) Der stärkere Theil des Materialismus ist die negative, nicht die positive Seite. Die Beweise sind deshalb meist indirecte, oft directe. Dies kann nicht genug hervorgehoben werden.
**) Siehe Kreislauf des Lebens von Moleschott. S. 32—34, S. 437.
***) Siehe dessen Schrift: „Natur und Geist."
†) Die Schöpfungskraft ist sogar eine unabhängig Veränderliche, weil diese nicht der Wirklichkeit, sondern dem Hirn des Menschen entnommen wurde und weil sich mit dieser beliebig wirthschaften läßt.

Hat die Unabhängige nur eine Abhängige oder ist die Abhängige eine abhängig Veränderliche? Hat sie nur eine Abhängige, so ist sie eine*) mit der Abhängigen, d. h. sie ist nicht die Ursache der Abhängigen und hat sie mehr als eine Abhängige, so hat sie ihre Wirksamkeit nicht nur in, sondern auch außerhalb des Stoffes d. h. sie ist ein Unding. Da das Letztere nicht sein kann, so muß das Erstere sein, die Kraft kann nicht die Ursache des Stoffes sein. Dazu kommt noch, daß der Stoff auch Eigenschaften hat, welche nicht wie die anderen Kräfte seine besonderen, speciellen Merkmale, sondern sein allgemeines Eigenthum sind. Diese Eigenschaften sind: Die Undurchdringlichkeit, die Schwerkraft, die Raumerfüllung, die Trägheit, die Veränderlichkeit des Volumens, die Theilbarkeit, die Dichtigkeit.

Die Entwickelung unserer Sinne ist die Grundlage für die Entwickelung unseres Wissens (Moleschott). Die Grenzen unserer Erkenntniß sind uns demnach durch unsere Organe genau vorgezeichnet. Freilich müssen wir dann keine überschwenglichen, sondern der prosaischen Wirklichkeit entsprechende Vorstellungen vom Werthe der Dinge haben wollen. So wie einst die Helden beschränken wir unsere Subjectivität und sagen: Nur das gegenständliche Wissen ist wahres Wissen. Die Theologen sind demnach vollständig consequent, wenn sie uns Materialisten die ärgsten Heiden nennen.

Ein Herr Dr. Böhner in Zürich hat eine spaßige Schrift „Naturforschung und Culturleben" geschrieben, in welcher er die Pathologie durch die Kenntniß einer neuen Krankheit, „Materialismus, auch Sensualismus" genannt, bereichert. Er spricht von einem „Miasma des Materialismus." Herr Böhner könnte sich ein unsterbliches Verdienst

---

*) Siehe Dubois-Reymond, Nervenelectricität. (Kreislauf 390.)

erwerben, wenn er zu einem allgemeinen Nutz und Frommen eine Diagnose dieser unheilbaren Krankheit veröffentlichte.

Das Ergebniß der rein subjectiven Speculation ist das Uebernatürliche, denn bei einer subjectiven Speculation construiren wir die Welt nur nach dem, was uns angenehm ist, was uns nicht belästigt, während eine objective Weltanschauung nur auf Widerwärtiges, auf unübersteigliche Schranken stößt. Die subjective Speculation überspringt diese Schranken mit Gedankenschnelligkeit, und diese unvergleichliche Schnelligkeit mag die Veranlassung dazu sein, daß die subjective Speculation so beliebt ist. Deshalb empfiehlt sie sich vor Allem den Denkfaulen. Diese denkfaulen Freunde der subjectiven Speculation nennen den Materialismus graß, weil er sie erschreckt, und sie wollen doch schlafen; den Empirismus nennen sie gemein, weil sie zu unwissenschaftlich sind, um dem Empiriker auf das Gebiet der Naturwissenschaft zu folgen; den Materialisten nennen sie ruchlos, frivol, sprechen von frevelhaftem Wahn und unterstehen sich noch, uns Trägheit und Oberflächlichkeit vorzuwerfen. Sie wollen wahrscheinlich das praevenire spielen, weil sie nur zu gut wissen, wie sehr ihnen das Prädicat „Oberflächlich" selbst zukommt.

Religion resultirt, wie wir oben gesehen haben, aus unserer Phantasie. Sie ist die Frucht des Strebens, vermöge der Phantasie zur Einheit und Vollendung unseres Wesens zu gelangen. Philosophie ist die Frucht des Strebens, vermöge der Speculation die Einheit und Vollendung unseres Wesens zu erreichen. Der Materialismus endlich entspringt aus der durch die Erfahrung gewonnenen Ueberzeugung, daß jenes Streben ein verfehltes ist, daß unsere Lage eine trostlose sei. Die Nacht ist die Mutter der Religion, die Dämtnerung die Mutter der Philosophie; gerade so wie die Religion überall der Philosophie vorangeht, in der Geschichte des Einzelnen wie in der Geschichte der Menschheit, gerade so geht die Philosophie dem Materialismus voran, das vergebliche Streben nach Einheit und Vollendung der traurigen Ueberzeugung, daß dieses Streben ein verfehltes sei. Der Mensch sucht die Einheit und Vollendung seines Daseins außer sich, ehe er sie in sich sucht und er sucht sie in sich, bevor er die Hoffnung aufgiebt, jemals zur Einheit und Vollendung zu gelangen.

II.

Nothwendigkeit ein specieller Fall des Zufalls.

Werfen wir beliebige Stoffe von verschiedener Masse und von verschiedenen Eigenschaften durch einander in eine chemische Retorte, so werden alle Eigenschaften aller Stoffe sich geltend zu machen suchen. Dieses Streben wird aber nur in so weit gelingen als nicht andere Eigenschaften anderer Stoffe jeden einzelnen Stoff an der Verrichtung seiner Funktionen hindern. Andererseits aber werden sich auch Eigenschaften der Stoffe nicht äußern können, wenn wir nicht die Gegenstände zufällig mit in die Retorte warfen, an welchen sie zur Erscheinung treten können. So wird z. B. das Eisen nicht oxydiren können, wenn ich nicht gleichzeitig im Wasser den Sauerstoff zugoß und das so entstandene Eisenoxydul wird sich nicht lösen können, wenn ich nicht das nöthige Quantum Schwefelsäure beigab. Schließe ich nun die Retorte, um ihren Inhalt jeder weiteren zufälligen Einwirkung von außen zu entziehen, oder mit anderen Worten: Lasse ich den so zufällig zusammengebrachten Stoffen Zeit, ihre Eigenschaften möglichst geltend zu machen, so kann ich sagen: Der Inhalt der Retorte und somit die Eigenschaften des Inhalts, die Beziehungen derselben untereinander, d. h. die in der Retorte geltenden Gesetze sind constant. War das Zusammentreffen der Stoffe ein zufälliges, so ist nunmehr das Zusammenwirken der ihnen beiwohnenden Eigenschaften ein nothwendiges, weil constantes.

Eine solche Retorte im Großen ist die Welt. Daß das Dasein des Weltstoffes ein zufälliges ist, werde ich sogleich nachweisen, daß die Wirkung des Weltstoffes eine nothwendige sei, lehrt unzweideutig die Wissenschaft.

Zufällig nennen wir alles Dasjenige, was nicht nach bestimmten Gesetzen geschieht. Das Zufällige ist also die Verneinung des Nothwendigen. Hätten bestimmte Gesetze das Dasein der Welt bewirkt, so müßten diese Gesetze die Wirkungen von Kräften sein, welche nicht Eigenschaften des die Welt zusammensetzenden Stoffes wären. Da wir aber einerseits nur Kräfte kennen, welche Eigenschaften des Stoffes sind, also zur Welt gehören, und da andererseits Kräfte, welche in der langen Periode, welche die Geologie und Astronomie umfassen, kein einziges Lebenszeichen von sich gaben, eben keine Kräfte sind und nie gewirkt haben können, so müssen wir von außerweltlichen Kräften absehen und müssen die Ansicht, als sei das Dasein der Welt gesetzmäßig und darum nothwendig, entschieden zurückweisen. Ist aber das Dasein der Welt nicht nothwendig, so kann es nur zufällig sein. Außerweltliche Kräfte können nicht latent sein, weil die Erschaffung der Welt sie doch nicht mehr als einen bestimmten Zeitraum in Anspruch genommen haben kann, der, sei er so groß er wolle, doch nur ein unendlich kleiner Theil der Ewigkeit ist. Vor diesem Zeitraum gab es noch keinen Stoff, welcher diese Kräfte neutralisiren konnte.

Feuerbach sagt: "Die Religion negirt, verwirft den Zu-
"fall, aber sie negirt ihn nur scheinbar; sie versetzt ihn nur
"in die göttliche Willkür. Denn der göttliche Wille, welcher
"aus unbegreiflichen Gründen d. h. offen und ehrlich heraus-

„gesagt, aus grundloser, absoluter Willkühr, gleichsam aus „göttlicher Laune den Einen zum Bösen, zum Unglück, den „Andern zum Guten, zur Seligkeit bestimmt, präbestinirt, „hat kein einziges positives Merkmal für sich, welches ihn „von der Macht Seiner Majestät des Zufalls unterschiede."

Aus dem Vorhergehenden folgt: Die Naturgesetze sind zufällig in ihrer Bedingung, aber costant in ihrer Wirkung. Deshalb ist die Nothwendigkeit eine Funktion des Zufalls. Die Funktion des Zufalls ändert sich, es existirt eine andere Welt, eine andere Nothwendigkeit. So ist denn die Ueberschrift dieses Capitels gerechtfertigt, wir können es wiederholen:

„Nothwendigkeit ein specieller Fall des Zufalls."

Wir werden aus diesem Satze noch manchen wichtigen Schluß ziehen. Schon die Alten erkannten die Richtigkeit dieses Satzes, obwohl sie ihn nicht beweisen konnten. Wenn uns die Mythologie erzählt, daß die Götter aus dem Chaos emporgestiegen seien, was heißt das Anderes als: Die Naturgesetze entwickelten sich aus einer verworrenen d. h. zufällig-existirenden Masse. Weil wir Menschen auf unsere eigene Individualität sehr viel Werth legen, deshalb legen wir ihr das Prädikat der Unsterblichkeit bei; weil wir immer zunächst mit Formen zu thun haben und unsere heißgeliebte Individualität selbst eine Form ist, deshalb halten wir die Form für die Hauptsache, den Stoff für Nebensache. Erst die Wissenschaft belehrt uns eines Anderen. Die Form, (die Funktion, das Abhängige) ist nothwendig; deshalb sagt man gewöhnlich, wenn auch mit Unrecht, daß der Stoff, (das Unabhängige, Zufällig-existirende) auch nur nothwendig sei. Der Mensch ist also recht eigentlich ein Product des Zufalls, weil er ein unendlich kleiner Theil der zufällig-existirenden

Welt ist, er ist eine der Blasen, welche der Sturm zu Mil-
liarden an der Oberfläche des Meeres erzeugt, und die als-
bald wieder zerspringen, weil Niemand sich um sie kümmert.
Wenn der Mensch sich seiner Individualität bewußt wird,
so hat er es allerdings nicht mehr mit dem Zufall zu thun;
sowie er mit der Welt ein Product des Zufalls ist, so ist
er in der Welt ein Product der Nothwendigkeit. Die Wissenschaft belehrt ihn, daß er ein Apparat sei, welcher nur
chemischen und physikalischen Gesetzen gehorche. In diesem
Sinne darf er sagen: Es giebt, (das heißt in der fertigen
Welt, in der geschlossenen Retorte) keinen Zufall und was
uns blindes Ungefähr nur dünkt, gerade Das steigt uns den
tiefsten Tiefen. — Eine weitere Folgerung, welche sich aus
der Vorliebe des Menschen für die Form ergiebt, ist, daß
er die ganze Welt eine Form nennt, (welche ihr Dasein
einem Formen bildenden Prinzipe, der Gottheit verdanke).
Das wesentlichste Attribut der Form, die Vergänglichkeit,
kann er stofflich nicht leugnen; macht er doch nur deshalb
zwischen Körper und Geist einen Unterschied, weil er sie nicht
leugnen kann. Dieses Attribut der Form, die Vergänglichkeit, überträgt er auf die Welt.

Wenn der Mensch die Cardinalfrage, ob Sein oder Nichtsein im Sinne des Sein's beantwortet hat, dann wird er
die Bedingungen kennen zu lernen suchen, unter welchen ihm
das Sein möglich wird d. h. er wird den Stoff und dessen
Funktionen beobachten und aus den gemachten Beobachtungen
eine Statistik der Nothwendigkeit entwerfen. Die Statistik der
Nothwendigkeit zerfällt in zwei Theile, in einen wichtigern
und einen minder wichtigen Theil. Der wichtigere Theil
ist die Statistik alles Dessen, was dem einzelnen Menschen
schadet oder nützt. Der minder wichtige Theil enthält die

Statistik alles Dessen, was der gesammten Menschheit zum Nachtheil oder Vortheil gereicht. Dabei ist jedoch zu bemerken, daß der erste Zweig der Statistik der Nothwendigkeit schon von Vornherein naturnothwendig ist; der andere Zweig ist nur relativ naturnothwendig; er bedarf der Staatsgesetze, um zur Geltung zu kommen. Die Resultate der Statistik der Nothwendigkeit, besonders des letzteren Theiles zu sammeln und zu ordnen, ist Sache der Rechtswissenschaft. —

Wenn man die menschlichen Vorurtheile im Lichte der Naturwissenschaften betrachtet, so erstaunt man über ihren engen Zusammenhang. Nur inconsequente Leute meinen, ein Vorurtheil behalten zu können, wenn sie das andere als unhaltbar aufgeben. Hier heißt es: Wer eines aufgiebt, giebt Alles auf. Es wird wenig Freude der Zweckmäßigkeitstheorie geben, welche nicht lehren, die Welt habe einen Anfang genommen. Wer den speciellen Fall mit der Allgemeinheit verwechselt, d. h. wer behauptet, Alles sei nothwendig, nicht zufällig, der behauptet auch, die Form sei das Wesentliche, der Stoff das Unwesentliche, der will die Worte „Gut", „Schön", „Edel" u. s. w. wissenschaftlich begründen. Ganz Recht, Herr von Radowitz! Wer eine Grundlage der Moral schaffen will, der muß die Unsterblichkeit wieder zur Gewißheit Aller erheben. Wer da sagt: Alles sei zufällig, der darf nicht mehr, wie Moleschott versucht, die Worte „Schön", „Gut" u. s. w. aus der Natur begründen wollen. Wer die Schöpfung der Welt leugnet, der muß aufhören von einem Weltzwecke, auch von einer Gattungsidee zu fabeln.

Der Mensch liebt es nun einmal, sich auf ein Ruhekissen zu legen. Es hängt dies Verlangen mit der weiter unten analysirten prinziellen Schlafsucht zusammen. Der Jude versetzte den Guten nach dem Tode in Abrahams Schooß. Der religiöse Mensch fühlt sich glücklich in dem Gedanken, daß sein Geschick in der Hand der Vorsehung liege; der Philosoph und auch unsere neuesten Gattungstheoretiker gratuliren sich, daß sich ihr Wohl und Wehe nach nothwendigen Gesetzen entscheide; sie nennen es einen Fortschritt, daß man eingesehen habe, daß unser Schicksal nicht von dem Willen einer Vorsehung abhänge, sondern nach ewigen unabänderlichen Gesetzen geschehe. Sie sind glücklich in dem Gedanken, etwas Gegebenes, Positives zu besitzen und in der Ueberzeugung, daß kein Gott ihnen einen Strich durch ihre Lebensrechnung machen könne, welche sie auf dieses Gegebene gründen. Der Materialist hingegen erkennt die Nothwendigkeit des Wirkens der Naturgesetze als die Folge der traurigen Zufälligkeit ihres Daseins. Hätte jener Zufall für uns besser gesorgt, so hätten auch wir Ursache, uns glücklich zu fühlen; aber im Angesichte der Trostlosigkeit unserer Lage erinnert uns die Unabänderlichkeit der Naturgesetze nur an die Unabänderlichkeit unseres Unglücks. Sie zeigt uns, daß die Mauern unsres Kerkers zu hoch sind, um sie überspringen zu können. Daraus erhellt wohl zur Genüge, daß der Materialismus durchaus kein Ruhekissen ist, auf welchem es sich sanft durch's Leben schlummern läßt. Wer dennoch ein Ruhekissen haben will, der muß sich auf das Ruhekissen der Sorglosigkeit und Gleichgültigkeit legen. Er muß den bekannten Vers zu seinem Lebensmotto machen:

„Setz' Dich über Alles weg
Freu' Dich über jeden Dreck."

Dem Verfasser hat es noch nie gelingen wollen, auf diesem Ruhekissen einzuschlummern, obwohl er versichern kann, es schon mehrfach versucht zu haben. —

III.

Wirklichkeit und Ideal.

Was die Wirklichkeit ist, das wissen wir. Die Wirklichkeit ist die Welt, von der wir gesehen haben, daß sie die Schranke der Subjectivität ist. Wir sahen, daß die subjective Speculation diese Schranke mit Gedankenschnelligkeit überspringt. Das Bild, welches sich ihr hinter dieser Schranke zeigt, ist das Ideal. Das ideale Leben, die Glückseligkeit, der religiöse Himmel sind freilich nichts Anderes als ein getreues Abbild des Erdenlebens, befreit von dem lästigen Einfluß der uns umgebenden Gegenstände; der ideale Mensch ist nur eine zweite Auflage des Erdenmenschen, befreit von dem uns hier beherrschenden Einfluß der Sinne. Wir behaupten noch zu wenig, wenn wir sagen: die Sinne beherrschen uns. Wir hätten vielmehr sagen sollen: Alles was wir sind, sind wir durch unsere Sinne. Demnach sind auch unsere Ideale Producte der Sinne.

Das menschliche Ideal ist das Bild von einem Menschen, wie wir wünschten, daß er wäre, und wie er nicht ist.

Angeborne Ideen im Sinne des Cartesius giebt es freilich nicht, wohl aber sind in dem mittleren Menschen (d. h. einem durch die statistische Physiologie festgestellten Näherungswerthe eines Menschen, dessen Eigenschaften gleich dem aus den Eigenschaften der Menschheit berechneten arithmetischen Mittel sind) gewisse Anschauungen seit Jahrtausenden begründet gewesen und noch jetzt in uns stofflich begründet. Die Existenz der ersteren müßte uns den Menschen als ein höheres, supranaturalistisches Wesen erscheinen lassen, das Vorhandensein der letzteren spricht nicht gegen sondern für die materialistischen Ansichten. Unter ererbter Anlage verstehen wir alle die Eigenschaften unseres Körpers, welche bewirken, daß die Zusammensetzung und Funktion unserer Organe der unserer Eltern ähnelt oder gleicht. Die Anlage, unsere sinnliche Wahrnehmung in einer bestimmten Form zu Idealen zu verarbeiten, vererbt sich auf die Descendenz. Sie ist angeboren, nicht das Product derselben, die Idee selbst. In diesem Sinne können wir unsere Ideale recht wohl angeborene Ideen nennen. Unsere Begriffe des Guten und Schönen sind das Produkt einer vieltausendjährigen stofflichen Entwicklung des Menschengeschlechts. Weil wir aber bestimmt wissen, daß das menschliche Hirn und mit ihm der menschliche Schädel sich im Laufe der Jahrtausende zu immer größerer Ausdehnung und somit die Gehirnfunktion zu immer größerer Stärke entwickelt haben, darum mag es einmal eine Zeit gegeben haben, in welcher die Ideale nicht zu den Produkten der Anlagen des Menschen gehörten, in welcher demnach die Gehirnfunktion in einem besseren Verhältniß zu unseren übrigen Funktionen stand, d. h., in welcher auch der Mensch ein in sich vollendetes Ganzes war. Damals glich er dem Thiere! Damals war er glücklich! Nicht mit Unrecht versetzt man das goldene Zeitalter in die graue Urzeit! Anders jetzt! Ob sich im Laufe neuer Jahrtausende die übrigen Organe und somit deren Funktionen verhältnißmäßig eben so weit entwickeln werden, als dies bei der Gehirnfunktion geschehen ist, das läßt sich zwar nicht bestimmt verneinen, aber nach unserer bisherigen Erfahrung auch durchaus nicht vermuthen. Wollten wir zum Beispiel so, wie es unsere heiße Sehnsucht verlangt, den weiten Weltenraum durcheilen, so müßten ganz unsägliche Veränderungen in unserm Organismus vor sich gehen, derartige Veränderungen, daß wir nach ihrer Realisirung nicht mehr Menschen genannt werden könnten. Der alleinige Besitz von Flügeln würde uns zum Antritt einer so gefahrvollen Reise nicht befähigen. Und wenn es auch möglich wäre, daß die Menschheit sich durch eine harmonischere Entwicklung des ganzen Körpers zu einer kaum geahnten Höhe, zu einem wahrhaft idealen Glücke aufschwingen könnte, was für Genüsse hätten wir von diesem zukünftigen Glücke künftiger Generationen zu erwarten, wir, die wir in wenigen Jahren Alle nicht mehr sein werden. Und wollten wir auch, um das Rad der Menschengeschichte in seinen Rollen nicht aufzuhalten, unser trauriges Loos, etwa unseren glücklicheren, uns unbekannten und darum gleichgültigen Nachkommen zu Liebe tragen, kann nicht der Zufall, von dem die Nothwendigkeit nur der specielle Fall ist, alle unsere Eintags berechnungen zur Narrheit machen?!

Die Ideale sind der Inbegriff unserer Wünsche und darum der Inbegriff unseres Glückes. Träumereien, welche wir für wirklich halten, nennt man Illusionen, auch Vorurtheile. Um sich daher sein Glück zu erhalten, müßte man sich seine Ideale oder noch besser seine Vorurtheile zu erhalten suchen. Aber leider wird uns erst dann klar, daß in dem Besitz von Vorurtheilen unser Glück besteht, wenn wir sie zerstört haben. Ich glaube, man würde den meisten Theologen schreiendes Unrecht anthun, wenn man von ihnen sagte, sie beabsichtigten nur das Wohl ihrer Beichtkinder, aber man muß anerkennen, daß sie ihren Beichtkindern, wenn auch nur unbewußt und darum ohne ihr Verschulden, dadurch einen nicht hoch genug anzuschlagenden Dienst erweisen, daß sie für die Erhaltung der Vorurtheile sorgen. Schade nur, daß der gefährliche Aufklärricht schon zu viel Wurzel geschlagen hat, und daß die hochwürdigen Herrn deshalb leeres Stroh dreschen.

Mit der letzten Illusion geht auch das letzte Glück verloren. Wehe dem oder auch wohl dem, für welchen Nichts mehr den Reiz der Neuheit hat. (Im gewöhnlichen Leben sagt man von solchen unglücklichen Glücklichen, sie seien blasirt). Das Poetische erscheint prosaisch, sobald man ihm auf den Grund sehen gelernt. Der Culminationspunkt eines jeden, auch des poetischen Genusses ist Enttäuschung, Prosa. An dem Tage, an welchem wir zu denken beginnen, beginnt unser Unglück. Poetisch nennen wir alles das, was unsere Phantasie reizt. Wir befinden uns deshalb in einer grimmigen Verlegenheit. Die Begierde drängt uns so lange vorwärts bis wir den Culminationspunkt des Genusses erreichen und dadurch unser Unglück vollenden. Auf der andern Seite sind wir nicht minder unglücklich, wenn wir unsere Begierden unterdrücken und wir sind nicht mehr Menschen, wenn dieselben wohl gar erstorben sind.

Das Neue ist poetisch, weil wir es noch nicht kennen, aber kennen zu lernen wünschen. Dieser Wunsch, dem Poetischen den Schleier abzuziehen, (ich erinnere an die treffende Sage vom verschleierten Bild zu Sais) dieser unselige Drang, den Dingen auf den Grund zu sehen, stürzt uns ins Unglück. Der Zufall, welchem wir alle unsere Eigenschaften und somit auch diesen unseligen Drang verdanken, ist selber kein greifbares Wesen, so daß wir für das uns zugefügte Leid

nicht einmal Rache nehmen können. Wäre es möglich, daß
wir Menschen uns des Denkens enthalten könnten, so hätte
Stahl mit seinem „die Wissenschaft muß umkehren" noch viel
zu wenig gesagt. Nein! Es dürfte dann überhaupt gar keine
Wissenschaft geben. Jede Art von Studium müßte geflohen
werden wie die Pest. Die Fernröhre, Mikroskope, die Meß-
werkzeuge, die Maschinen müßten vernichtet werden; Eisenbahnen, Telegraphen, Buchdruckerwerkstätten müßten spurlos
verschwinden. Es müßte bei Todesstrafe verboten werden,
ein Buch zu schreiben oder gar zu drucken und bei
Strafe der Bastonade dürfte Niemand einen Gegenstand besprechen, der nicht zur Befriedigung der nächstliegenden Bedürfnisse unentbehrlich wäre. Kurz, es müßte den Leuten
entschieden untersagt werden, weiter zu sehen, als ihre Nase
reicht.

Der sterbende Göthe rief: Mehr Licht! Nicht so wir.
Wir vergehen vielmehr in diesem Uebermaße von Licht, welches die neueste Naturforschung über die brennende Frage
verbreitet hat. Wie Semele vor Zeus, so schmilzt unser
wächserner Leib vor der Sonnengluth der Wahrheit dahin.
Nichts wäre uns zuträglicher als jenes Halbdunkel, in welchem das Denken nicht aufzukommen vermag, die Phantasie
aber desto mehr Nahrung fände.

„Meine Blindheit gieb' mir wieder
Und den fröhlich dunkeln Sinn."

Moleschott nennt es die große Aufgabe des Natur-
forschers, „den Stoff auf die kürzesten Bahnen zu leiten,"
den Kreislauf zu beschleunigen. Es begeistert ihn der Gedanke, daß die Physiologie fähig sei, den Sinnengenuß zu
raffiniren, und er, dessen Sinn für Wohlwollen jedenfalls
sehr ausgebildet ist, schwelgt in dem Gedanken, durch Ver-

feinerung des Sinnengenusses als Physiolog ein Wohl-
thäter der Menschheit werden zu können. Er wirft einen
wehmüthigen Blick auf den in der Wetterau unter der Erde
lliegenden Knochenstein, in welchem so viele menschliche Größe
schlummere und er bewundert den Bergmann, welcher den
phosphorsauren Kalk zu Tage fördert.*) In seiner Begeisterung nennt er Feuerbach den Bannerträger der
Menschenkunde und er hofft den endlichen Sieg der Fahne
der Anthropologie, zu der auch er freudig steht. Er sagt
ferner: Wenn die Kraft der Stoff und der Stoff die Kraft
ist, dann wird es zu einer heiligen Aufgabe, den Stoff
zu sparen, das heißt, ihn auf die Bahnen zu lenken und in
die Verbindungen zu sammeln, in denen er auf dem kürzesten
Wege die größte Wirkung entfalten kann und darin liegt die
allmächtige Bedeutung, welche die Naturwissenschaft durch
Erforschung des Stoffs in unsern Tagen erringt. Unser
Prometheus lehrt die Menschen Chemie, Physik und Physiologie und verleiht ihnen dadurch die Herrschaft über die
Elemente, welche aus einem durch Gedanken und Erkenntniß
beherrschten Willen hervorgeht:

---

*) Moleschott sagt: „In der Wetterau, in Estremadura, bei Reb-
witz in der Nähe des Fichtelgebirges finden sich ganze Lager von phosphorsaurem Kalk, von sogenanntem Knochenstein oder Knochenerde. Der
Bergmann, der in der Wetterau und in Estremadura bereinst nach
phosphorsaurem Kalk gräbt, sucht mehr als Gold, er gräbt nach
Walzen, gräbt nach Menschen. Wir durchwühlen das Eingeweide der
Erde, um die Heeresmacht beobachtender Sinne und sinnestkräftiger
Gedanken zu vermehren. Und so hebt denn der Bergmann den Schatz
des Geistes, den der Mensch in Umlauf setzt, dem Rad der Zeit-
läufte seine erste Triebkraft ertheilend. Der Bergmann, welcher im
Schweiß seines Angesichts mit Lebensgefahr sein Leben erringt, er weiß nicht, ob nicht der Stoff des besten Kopfes durch
seine Hände gleitet. Er setzt mit seiner verborgenen Arbeit vielleicht
Jahrhunderte in Bewegung.

> Eh' nun,
> Du bleibst zu Hause, Wichtiges zu thun,
> Entfalte Du die alten Pergamente,
> Nach Vorschrift sammle Lebenselemente
> Und füge sie mit Vorsicht eins ins andre.
> Das Was bedenke, mehr bedenke W i e.

Ein Idealist ist ein Mensch, welcher von den ihn umgebenden Gegenständen nichts hören, sie nicht sehen will, um sagen zu können: Sie gehen mich nichts an; ein Idealist ist also ein prinzipieller Träumer. Eine praktische Philosophie ist, soviel ist wohl klar geworden, ein vollkommenes Unding, denn die Praxis stößt fortwährend auf die Schranken, von denen die Philosophie nun einmal Nichts wissen will. Jede Wissenschaft sucht in der Einleitung ihre Berechtigung zu begründen, d. h. der Mensch überzeugt sich, daß die betreffende Wissenschaft zu einem erklecklichen Resultate führe, bevor er mit der Entwickelung der Theorie beginnt. Anders ist es bei der Philosophie, welche auf den Namen einer Wissenschaft Anspruch erhebt, aber ihn durchaus nicht verdient. Sie steuert auf das Ziel, Lebensweisheit genannt, los, ohne es zu sehen. Der Philosoph gleicht demnach einem Menschen, der in einem finstern Raum ohne Ausgang die Thüre sucht. Ich nenne die Welt einen finsteren Raum ohne Ausgang und werde den Beweis dafür in einem späteren Capitel liefern. Vorläufig sei nur bemerkt, daß die Philosophie der Versuch und zwar ein unglücklicher Versuch ist, die nächsten Lebensfragen zu beantworten, nachdem man die Cardinalfrage, ob Sein oder Nichtsein im Sinne des Seins bejaht hat. Feuerbach sagt: Ich bin Idealist in der praktischen Philosophie und Realist in der speculativen. Das heißt mit andern Worten: Ich bin prinzipieller Träumer, wenn ich im Leben auf die Schranken stoße, die ich eigentlich nicht sehen will und ich halte mich nur an Thatsachen, wenn ich von den Thatsachen abstrahiren will. Ist das des Unsinns genug? Ein materialistischer Schriftsteller sagt: die Dichtkunst verliere Nichts durch die Zerstörung der Ideale, denn nur das Wirkliche sei wahrhaft poetisch. Allerdings ist das nicht poetisch, was wirklich sein will und nicht wirklich ist. Aber es ist thöricht, zu verlangen, daß der Dichter die Ideale als wirklich darstelle, eben weil sie sich nicht wirklich finden. Die Kunst muß, wenn sie unsere Sinne bestechen, uns gefallen will, die Themata der Wirklichkeit entnehmen. Der Grundgedanke muß natürlich, die Ausführung ideal sein. Ich glaube, daß für denjenigen, welcher mit Gewalt dichten will, das Ideale ein recht brauchbarer poetischer Stoff ist. Gott ist, wie wir wissen, das personificirte menschliche Ideal. Offenbar widerspricht die Personification streng genommen der Wirklichkeit. So hätte denn Homer sehr entschieden Unrecht gehabt, als er uns sein Ideal in den Olympischen personificirte. Seine Iliade wie seine Odyssee wären gleich unpoetisch. Wenn die alten Göttermythen der meisten Völker poetisch genannt werden, so sind sie der Wirklichkeit, d. h. unserm menschlichen Leben sehr ähnlich, aber dennoch nicht gleich, nicht wirklich. Daraus folgt, daß die Dichtkunst durch die Zerstörung der Ideale sehr viel verloren hat. Röthete sich nicht einstmals unsere Stirn vor Begeisterung; erglänzte nicht einst unser Auge für einen hohen Zweck; fühlten wir nicht uns selbst erhoben, wenn bei der Bewunderung einer Edelthat eine Thräne über unsere Wange floß! Jetzt ist diese Begeisterung dahin, der Quell, aus welchem jene stolze Thräne floß, ist versiegt. Mit welcher Verehrung sahen wir als Knaben auf die Träger der Wissenschaft! Und nun, nachdem wir die Wahrheit auf den Grund gesehen haben, welche

Enttäuschung! Wie klang sie so schön in unser Ohr, die Hoffnung, daß auch unser Name bereinst im goldenen Buche der Wissenschaft verzeichnet werde! Wie bewunderten wir nicht die großen Thaten geschichtlicher Helden, die Siegeszüge Alexanders, die Staatsweisheit August's, die Bürgertugend eines Cato Uticensis und Brutus, die Uneigennützigkeit eines Fabricius, die Selbstgenügsamkeit eines Diogenes, die Tapferkeit eines Leonidas, die Energie Hannibals. Der Ruhm erscheint uns jetzt als Phantom, die Staatsweisheit als Einlagsberechnung und Narrheit, die Bürgertugend als unpraktisch, die Uneigennützigkeit und Selbstgenügsamkeit als lächerlich, die Tapferkeit und Energie in keinem besseren Lichte als Muthlosigkeit und Schwäche. Wir wissen nicht mehr was „Oben" und „Unten" ist. Der Materialismus verleidet uns nicht allein das Dichten, sondern auch jede andere künstlerische Thätigkeit, welche ohne Begeisterung unmöglich ist. Allerdings werden wir nur durch die Sinne zum Denken erzogen, aber Niemand kann und wird behaupten, daß der Mensch nicht Unmögliches in den Kreis seiner Betrachtungen ziehen, daß seine Phantasie sich nicht mit unmöglichen Hoffnungen tragen könne. Nicht Alles, was denkbar ist, ist wirklich. Ein Gott mit seinen Eigenschaften ist denkbar, aber nicht wirklich. Ebenso sind unsere Ideale denkbar, aber selber nicht wirklich. Die vielen philosophischen Systeme sind alle denkbar, aber keins ist wirklich. Daraus folgt unmittelbar, das wir Menschen mit unserem Verstande und unserer Phantasie recht wohl die Grenzen des Möglichen überschreiten können.

> Ach zu des Geistes Flügeln wird so leicht
> Kein körperlicher Flügel sich gesellen!
> Doch ist es Jedem eingeboren,
> Daß sein Gefühl hinauf und vorwärts dringt,

> Wenn über ihm im blauen Raum verloren
> Ihr schmetternd Lied die Lerche singt,
> Wenn über schroffen Fichtenhöhen
> Der Adler ausgebreitet schwebt,
> Und über Flächen, über Seeen
> Der Kranich zu der Heimath strebt.

Ein weiterer Grund dafür, daß nicht Alles, was denkbar ist, wirklich genannt werden kann, ist folgender: In unseren Rechnungen kommen negative und imaginäre Zahlen vor. Die analytische Geometrie zeigt, daß die negativen Zahlen nur dann reelle Werthe bedeuten, wenn wir ganz willkührlich ihnen einen bestimmten, (z. B. den vom Anfangspunkte eines Coordinatensystems links liegenden) Raum anweisen. Wie schon gesagt, diese Bezeichnung ist ganz willkürlich und das Minuszeichen dient hier nur zur graphischen Bezeichnung eines willkürlich angenommenen, aber zu bestimmenden Raumes. Außer dieser graphischen Bedeutung haben die negativen Größen keinen wirklichen Werth. Noch deutlicher wird dies bei den imaginären Zahlen. Hier sagt schon das Wort „imaginäre Zahlen," daß sie keine reellen Werthe bedeuten. — Umgekehrt aber ist wieder nicht Alles denkbar, was wirklich ist. Das Unendliche, das Ewige ist wirklich; die Ueberzeugung, daß dies so sei, drängt sich uns bei unsern Studien stündlich auf, aber begreifen können wir es nicht. Wir wissen, daß zwei Gerade durch den Mittelpunkt der Hyperbel derart gelegt werden können, daß die Hyperbel sich ihnen asymptotisch nähert, d. h. ohne sie jemals zu erreichen. Können wir das begreifen? Wir wissen, daß zwei Linien, deren eingeschlossener Winkel gleich Null ist, als Parallelen angenommen werden, wir wissen, daß eine Secante, deren zwei Schneidungspunkte immer näher und näher zusammenrücken, zur Tangente wird, d. h. daß der abgeschnittene Theil ein Punkt oder unendlich klein ist, aber klar machen, d. h. mit Händen greifen können wir das Unendliche nicht.

Der schönste Beweis dafür, daß nicht Alles, was bisher der Gegenstand von Wortstreiten war und noch jetzt von Millionen geglaubt wird, der Wirklichkeit angehöre, ist wohl folgende mathematische Folgerung, welche hoffentlich alle frivolen Spötter über die Dreieinigkeitslehre zur Ruhe bringen wird:

$$c = a + b$$
$$3a + 3b = 3c$$
$$\overline{3a + 3b + c = a + b + 3c}$$
$$3a + 3b - 3c = a + b - c$$
$$\underline{3(a+b-c) = 1(a+b-c)}$$
$$3 = 1,$$

eine unanfechtbare Wahrheit, bei welcher nur die Voraussetzung gemacht ist: $a + b - c = 0$.

Wir sagten, wir dürften uns nicht wundern, daß die Mathematik in der ganzen Welt Geltung habe, weil sie die Lehre von den Größen, den Massen, dem Stoffe sei. Wo demnach der Stoff sich finde, da müsse auch die Mathematik gelten, d. h. sie habe in der ganzen Welt Geltung. Wir können noch weiter gehen. Wie kann uns der Stoff Bewunderung einflößen, der unveränderlich den mathematischen Gesetzen gehorcht, dessen Combinationen nichts sind als mathematische Zahlencombinationen! Nur wo Gesetze eine Ausnahme erleiden können, wäre Bewunderung erklärlich. Ein ausnahmsloses Gesetz duldet keine freie Wahl und ohne freie Wahl giebt es auch keinen Werth.

Unsere kritische Vernunft setzt sich gern über den Stoff; sie liebt es, die Welt zu construiren, obwohl selbst die oberflächlichste Naturbetrachtung sie von der Unmöglichkeit des Gelingens überzeugen müßte. Der Mensch ist nun einmal ein Zwitterding. Aristoteles hat vollkommen Recht, wenn er sagt: Der Mensch ist sich seiner als eines unausgemachten zweideutigen Wesens bewußt. Er ringt nach Einheit und Vollendung; dieses Ringen ist sein eigentlicher Trieb, der menschliche. Der Instinkt, die graduell schwächere Gehirnfunktion macht das Thier zu einem harmonischen Ganzen. Der Mensch aber ist das Produkt einer der vielen unglücklichen Bildungsversuche der Natur. Das oberste Gesetz des Zufalls, von dem die Nothwendigkeit, wie wir gesehen, nur der specielle Fall ist, hat ihn so wie viele andere Mißgeburten hervorgebracht, hat gewissermaßen sein Dasein verschuldet.

Die Philosophen verachten den Stoff, weil er nur Stoff ist. Der Grund dieser Verachtung liegt in ihren idealen Vorurtheilen. Das ist immerhin begreiflich. Vollkommen unbegreiflich aber ist das, was der Materialist Büchner „Würde des Stoffs" nennt. Der Stoff, welcher blindlings dem obersten Gesetze des Zufalls gehorcht, erscheint ihm bewundernswürdig. Weis der Stoff etwas von den tausend und abertausendfältigen Wegen, auf denen er geht, von seinem mannigfaltigen Treiben oder ist nicht vielmehr seine unendliche Thätigkeit eine nothwendige Folge seiner unendlichen Ausdehnung? Was ist aber an der Größe der Masse Bewundernswürdiges? Oder ist die Eigenschaft der Schwerkraft ein Verdienst des Stoffes? Auf der einen Seite weist Büchner nach, daß der Geist nur eine Funktion des sich zum Gehirn zusammensetzenden Stoffes ist, auf der andern sagt er, daß der Stoff dem Geiste nicht untergeordnet sondern ebenbürtig sei, weil beide sich gegenseitig mit solcher Nothwendigkeit bedingen, daß Einer ohne den Andern nicht sein kann. In der That, das ist neu, daß die Funktion, das Abhängige, dem Gegenstande, an welchem sie zur Erscheinung tritt, dem Unabhängigen ebenbürtig, nicht untergeordnet sein soll. Ebenso gut wäre die Muskelfunktion dem Stoffe nicht untergeordnet, sondern ebenbürtig. Oder steht etwa die Gehirnfunktion über der Muskelfunktion? Das Letztere leugnet auch Herr Büchner. Wenn Herr Büchner von dem unendlich mannigfaltigen, verborgenen Treiben des Stoffes spricht, was heißt das Anderes als: Die Zahl der Funktionen des Stoffs ist unendlich groß und wenn er jetzt noch den Geist dem Stoff ebenbürtig nennt, so geht er mit dieser Behauptung noch weiter als die Theologen mit der Dreieinigkeitstheorie, denn er sagt: Eins ist gleich Unendlich. Wir theilen daher nicht mit einem unserer ausgezeichnetsten Forscher eine gewisse Begeisterung für das Stoffliche und eben weil der Stoff blindlings dem ebenfalls blinden Zufall gehorcht, darum geht uns jede Begeisterung ab, welcher Art sie auch sei. Was mich betrifft, so kann ich versichern, daß es mir schwer genug geworden ist, meinen Idealen den Abschied zu geben, aber ich mache Fortschritte. Ganz wird es mir jedoch nie gelingen, weil das verfehlte Ideale Streben eben das wahrhaft menschliche ist. Den Idealisten nennt man edel, den Materialisten gemein. Das ist eine ganz neue Bezeichnung, der ich meine volle Zustimmung gebe. Alles in der Welt ist gemein, wir Materialisten wollen keine Ausnahme machen. Die edlen Seelen müssen erst Materialisten geworden sein, um klug zu werden. Die „gemeinen Leute" aber sind „geborne Materialisten."

IV.

Das Princip der Selbstsucht.

Die sinnliche Wahrnehmung, d. h. die Beziehung der Gegenstände zu den menschlichen Sinnen, ist eine stoffliche Beziehung. Diese stoffliche Beziehung pflanzt sich fort bis in's Gehirn. Jede Eigenschaft ist ein Verhältniß der Gegenstände zu den Sinnen. Jeder sinnliche Eindruck ist eine Bewegungserscheinung, welche sich dem Stoff unserer Sinnesnerven mittheilt. Sowie die Gegenstände, welche wir der Beobachtung unterwerfen, zu einander in Beziehungen stehen, in denselben Beziehungen zu einander stehen auch die als stoffliche Bewegungen in das Gehirn gelangenden Beobachtungen. Der Gedanke ist demnach eine stoffliche Combination der im Gehirn zum Ausdruck gelangenden sinnlichen Wahrnehmungen. Das Denken ist nicht, wie man bisher irrig annahm, eine freiwillige, sondern eine unfreiwillige Thätigkeit. Alle Thätigkeit in der Welt ist unfreiwillig, auch die Gehirnfunktion macht keine Ausnahme. Ganz richtig sagt Moleschott: „Der Wille ist nur der nothwendige Ausdruck eines durch äußere Einwirkungen bedingten Zustandes des Gehirns. Es steht nicht in unserm Belieben, zu denken oder nicht zu denken, Dieses oder Jenes zu denken. Was wir noch nicht in den Kreis unserer Betrachtungen gezogen haben, das können wir nicht unserm Denken unterziehen. Gegenstände, deren Beziehungen zu einander wir nicht durch die sinnliche Wahrnehmung zu stofflichen Beziehungen des Gehirns gemacht haben oder machen konnten, solche Gegenstände können wir auch nicht denken. Die Speculation, welche in großartiger Selbstüberhebung diese stofflichen Gesetze des Denkens verlacht, ist eine Ausschweifung der Gehirnfunktion, eine dem Gesetze der Beharrung folgende fortgesetzte Thätigkeit der Gehirnfunktion ohne Mittel zu ihrer Ausübung. Die Speculation rechnet weiter nach der Zahl ihrer Beobachtungen, während die Wirklichkeit eine viel größere Freiheit der Bewegung hat, weil sie sich nicht nach der geringen Zahl der menschlichen Beobachtungen richten muß. Deshalb sehen wir die Natur oft eine Curve beschreiben, wenn die Speculation, dem Gesetze der Beharrung folgend, in gerader Richtung weiter rechnet. Oft mag es vorkommen, daß Speculation und Natur in derselben Richtung vorwärtsschreiten, dieses Vorkommen ist aber ein rein zufälliges. Oft ist das Unvernünftige das Richtige. Die Speculation will nur das Vernünftige, das Denkbare als richtig anerkennen; jede Thatsache soll sich im menschlichen Gehirn legitimiren, gleichviel ob sie sinnlich wahrnehmbar ist oder nicht. Man sieht: Speculiren heißt: Rathen, nach Wahrscheinlichkeiten rechnen. Nur der, welcher von allen Wahrscheinlichkeiten das Richtige herausfindet, nur der denkt richtig. Wenn die Wirklichkeit mit dem Resultate unserer Wahrscheinlichkeitsrechnung, unseres Denkens nicht übereinstimmt, dann haben wir uns verrechnet. Ich meine damit nicht, daß wir dann einen Fehler in unserer Rechnung begangen hätten, sondern sage vielmehr, daß die der Wahrscheinlichkeitsrechnung zu Grunde gelegten Beobachtungen nicht zahlreich genug waren. Die Wahrscheinlichkeitsrechnung und die auf ihr baſirende Methode der kleinſten Quadrate geben immer nur annähernde, keine richtigen Reſultate. Nur bei einfacheren Rechnungen erhalten wir genaue Werthe. Hier reichten unſere ſinnlichen Wahrnehmungsorgane aus, um die Anzahl von Beobachtungen zu gewinnen, welche zur Feſtſtellung des richtigen Werthes genügte. Je ſchwerer uns die Anſtellung von Beobachtungen wird, deſto unſicherer werden auch unſere Reſultate. Dies ſind die Gründe, welche uns zu der Behauptung befähigen, daß nicht Alles wirklich iſt, was ſich denken läßt. Vorurtheile ſind auch Reſultate der ſtofflichen Combination des Gehirns, aber ſie ſind Reſultate, welche ſich auf eine ungenügende Anzahl von Beobachtungen gründen. Es leuchtet ein, daß es dem Menſchen ſehr ſchwer wird, Irrthümer zu vermeiden. Nie ſollte man mehr behaupten, als man beweiſen kann, d. h. man ſollte nie ſtoffliche Combinationen des Gehirns für Wahrheit ausgeben, welchen eine ungenügende Anzahl von ſinnlichen Beobachtungen zu Grunde lag.

Wahrheit iſt das mit der Wirklichkeit übereinſtimmende, ſich auf eine genügende Anzahl von ſinnlichen Beobachtungen gründende Ergebniß ſtofflicher Combination des Gehirns.

Was die organiſche Natur von der anorganiſchen unterſcheidet, das iſt die größere Beweglichkeit des ſie zuſammenſetzenden Stoffes. In ihr beruht die ſcheinbare Selbſtſtändigkeit der Organe, die ſcheinbare Unregelmäßigkeit ihrer ſtofflichen Funktionen. Dieſe Unregelmäßigkeit iſt nur ſcheinbar, weil es der ſtatiſtiſchen Phyſiologie gelungen iſt, ſie durch beinahe conſtante Zahlen auszudrücken. Bei den ſogenannten höheren Thieren iſt die Beweglichkeit des Stoffes und die Unregelmäßigkeit der Funktionen am größten; bei ihnen äußert ſie ſich als individuelle Freiheit, freier Entſchluß, als Bewußtſein. Weil die Beweglichkeit des Stoffes in jeder sogenannten höheren Art wächst, ohne von einer Art zur andern große Sprünge zu machen, deshalb kann man nicht eigentlich die Zahl der Thiere bestimmen, welche Bewußtsein haben. Noch weniger aber kann man, wie Feuerbach will, dem Menschen eine Art höheren Gattungsbewußtseins zudecretiren. Den Gastrozoen, Thieren, welche nur aus einem Magen bestehen und welche nur zwei Organe haben, einen Mund und einen After, solchen Thieren kann man unmöglich Bewußtsein zuschreiben. Der höchste Grad stofflicher Combinationsfähigkeit des Gehirns stellt sich uns in der Kritik des Menschenverstandes dar. Speculation nannten wir eine Ausschweifung des Gehirns, eine dem Beharrungsgesetz folgende, fortgesetzte Thätigkeit der Gehirnfunktion ohne Mittel zur Ansübung der Funktion, d. h. ohne Vermehrung der sinnlichen Wahrnehmung. So ist denn die Zweckmäßigkeitstheorie, der höchste Grad der Speculation, der Culminationspunkt der Ausschweifung des Gehirns nach Maßgabe der prinzipiellen Selbstsucht.

Das Prinzip der Selbstsucht wohnt allen organischen Wesen inne. Der erste und mächtigste, ja, man kann sagen, der einzige Trieb, der alle organischen Wesen gleichstark beherrscht, ist der Selbsterhaltungstrieb. Alle andern Triebe sind Unterabtheilungen dieses Haupttriebes, alle lassen sich auf das Prinzip der Selbstsucht zurückführen. Alle Gegenstände bezieht der Mensch auf sich, nur was ihm Vortheil bringt, das nennt er gut; was ihm schadet, das heißt böse; was ihm gefällt, das ist schön; was ihn anwidert, das ist häßlich. Was der Speise vor dem Unrath den Vorzug verleiht, das ist der Umstand, daß wir der Speise bedürfen, des Unrathes aber entrathen können, daß uns die Speise schmeckt, der Unrath anwidert. In der chemischen Zusammensetzung von Speise und Unrath liegt kein stofflicher Unterschied; die Grundstoffe sind dieselben geblieben, nur ihre Verbindungsform hat sich geändert. Thaten, bei deren Vollbringung sich die Menschheit und somit auch der einzelne Mensch am wohlsten befinden, nennt er Edelthaten. Verbrechen sind ihm Handlungen, welche gegen die Menschheit, und somit auch gegen ihn gerichtet sind. Wir nehmen nur dann an dem Unglück Anderer wahrhaft Theil, wenn dasselbe unserem eigenen Unglücke entweder ähnelt oder gleicht. Jede Theilnahme, welche nicht aus dieser Quelle fließt, ist entweder gezwungene Verstellung, um gegen die Mode der Schicklichkeit nicht zu verstoßen, oder Theilnahme, welche durch Erziehung und langjährige Gewöhnung in unser Fleisch und Blut übergegangen ist. Der consequenteste Mann in der Welt ist der Teufel, denn er ist Egoist. Ganz recht sagt Mephistopheles:

„Sie fühlt, daß ich ganz sicher ein Genie,
Vielleicht wohl gar der Teufel bin."

Schon der Beharrungstrieb bewirkt, daß Alles, was da lebt, sich behaupten will. Alle Speculationen des Menschen, die Gottesidee, wie die Unsterblichkeitslehre drehen sich um den Menschen. Dem Menschen gefällt seine Individualität (Eitelkeit ist Freude an der eigenen Individualität, Stolz befriedigte Selbstsucht), aber nicht die mit objectiven Trieben behaftete. Der subjectiv Speculirende nimmt daher die Individualität in das neue Leben mit hinüber, die objectiven Triebe will er hierlassen. Man sieht: Sowie die Religion aus dem menschlichen Bedürfniß, zu träumen, entsprang, sowie der Inhalt der Religion ausschließlich das menschliche Ideal war, so ist auch die letzte Forderung der Religion, die Forderung der Verewigung der Individualität in einer ausgesucht glücklichen Lage, ein Elaborat der prinzipiellen Selbstsucht. Der Anfang, die Mitte, das Ende der Religion drehen sich also um das liebe „Ich."

Die Religion nennt die Postulate der höchsten Selbstsucht den Willen Gottes, denn, sagt Feuerbach, Gott ist das Wesen des Menschen, welches befreit ist von dem, was der menschlichen Phantasie, der menschlichen Speculation als Schranke und darum als Uebel erscheint. Bei der Gottesidee giebt sich der Mensch den Anschein der Uneigennützigkeit, indem er einem anderen Wesen Vollkommenheiten zuschreibt; wir wissen freilich, daß er dies nur thut, weil er in dem Gedanken an Gott, als seinem eigenen Ideale schwelgen will, weil Gott sein Himmel ist. Bei der Unsterblichkeitslehre aber tritt seine prinzipielle Selbstsucht ganz nackt hervor. Es ist ein charakteristisches Merkmal höherer Culturstufen, daß der Mensch seine Blöße zu bedecken sucht. Wenn er seinen Körper mit Kleidern zu umgeben beginnt, fängt er auch an, seine prinzipielle Selbstsucht in den Schein der Uneigennützigkeit zu hüllen. Die Ewigkeit jedoch verlangt der Mensch für sich. Deshalb kann man den Glauben an Gott den höchsten Grad der geschminkten, den Glauben an eine Unsterblichkeit den höchsten Grad der ungeschminkten Selbstsucht nennen. Der Fromme verzichtet auf die Freuden dieser Welt in der gläubigen Gewißheit, daß er sich durch die himmlischen Freuden mehr als schadlos halten werde und im Vollgenusse des Glücks, welches ihm die Aussicht auf diese Entschädigung mit Wucherzinsen bereitet. Feuerbach sagt: Was der Mensch schön, gut, angenehm findet, das ist für ihn das Sein, welches allein sein soll; was er schlecht, garstig, unangenehm findet, das ist für ihn das Sein, welches nicht sein soll und daher,

weil es dennoch ist, ein zum Untergang verdammtes, ein
nichtiges ist; wo das Leben nicht im Widerspruch gefunden
wird mit einem Gefühl, einer Vorstellung, einer Idee, und
dieses Gefühl nicht für absolut wahr und berechtigt gilt, da
entsteht nicht der Glaube an ein anderes, himmlisches Leben;
das andere Leben ist nichts Anderes als das Leben im Einklang mit dem Gefühl, mit der Idee, welcher dieses Leben,
widerspricht.

Wir sagten, die Religion entspringe aus dem Bedürfniß, zu träumen, d. h. so viel als: die Religion entspringt
aus dem Bedürfniß, sich wohl zu befinden, aus dem Prinzip der Selbstsucht. Schon daß man die christliche Religion
eine Heilslehre genannt, documentirt ihren Ursprung. Wer
das Product seiner verfeinerten prinzipiellen Selbstsucht,
d. h. seine Ideale nicht zu verwirklichen vermag, der rettet
sich in das Land der Träume. Dem Träumenden erscheinen
seine Wünsche als vollendete Thatsachen. Was giebt es
Beseligenderes als träumend seine Wünsche mit einem
Schlage in Erfüllung gehen zu sehen? Mit Recht nennt
Feuerbach, der so meisterhaft die Religion aus dem menschlichen Gemüthe herzuleiten versteht, das Gemüth den Traum
mit offenen Augen und die Religion den Traum des wachen
Bewußtseins.

Ich sagte, daß der Mensch eigentlich nur einen Sinn,
den für Selbsterhaltung habe und daß alle anderen Sinne
nur Unterabtheilungen dieses Hauptsinnes seien. Die Phrenologie spricht freilich von verschiedenen, oft sich widerspre-
chenden Sinnen, aber diese Meinung ist recht gut mit unserer Ansicht vereinbar, weil die Selbstsucht sich auf ganz
entgegengesetzte Arten äußern kann. Sehen wir zuvor, woher die Phrenologie ihre Berechtigung schöpft. Alle Ge-

danken und Gefühle erzeugen eine Abnahme des Nerven-
stromes und eine chemische Stoffmetamorphose. Krankhafte
Affectionen des Gehirns haben bewiesen, daß die verschiedenen Richtungen der Gehirnfunktion, d. h. unsere Gedanken
und Gefühle, in verschiedenen Theilen des Gehirns ihren
Sitz haben. Es wird demnach einleuchten, daß eine einseitige Ausbildung der Gehirnfunktion auch eine einseitige Stoffmetamorphose ist und daß diese sich nothwendig in dem ein-
seitig ernährten Gehirne abspiegeln muß. Derartige Eigenthümlichkeiten werden auf den das Gehirn umgebenden
Schädel übertragen und natürlicherweise auf die Descendenz
vererbt. Sie drängen die Gehirnfunktion dessen, der sie erbt,
in eine bestimmte Richtung. Der Sohn eines Vaters, bei
welchem der Zerstörungssinn sehr ausgebildet war, wird
doppelte Mühe haben, seinen Sinn für Wohlwollen auszubilden. Der Sinn für Wohlwollen ist ein Ausfluß der
prinzipiellen Selbstsucht, weil der Wohlwollende am besten
zu fahren meint, wenn er Wohlwollen zeigt. Der Zerstörungssinn beruht auf dem Vergnügen an der Zerstörung,
der Sinn für Musik auf dem Vergnügen an der Musik.
Der mit dem Eigenthumssinn Behaftete glaubt seine Selbstsucht in den eigentlichen Sinnengenüssen befriedigen zu können.
Geld, weiß er, kann umgesetzt werden in Genuß, darum
strebt er nach Besitz.

Dieselbe Anwendung läßt sich auf alle phrenologischen
Sinne machen. Denken wir uns zwei Halbverhungerte auf
einer wüsten Insel. Erst nach zwei Tagen haben sie Aussicht, abgeholt zu werden. Zwischen ihnen steht ein Korb
mit Nahrungsmitteln, welcher eben nur soviel enthält, daß
der Eine von ihnen sich mit ihrer Hülfe zwei Tage das Leben fristen könnte. Wollten sich auch Beide brüderlich in

den Speisevorrath theilen, so müßten sie doch Beide ver-
hungern, weil in diesem Falle der Speisevorrath nur auf
einen Tag zureichen würde. Wird nicht der Selbsterhaltungs=
trieb eines Jeden von ihnen gebieterisch fordern, daß er sich
allein in den Besitz des Korbes setze und wird ihm dies gelingen, ohne den Concurrenten entweder gewaltsam zu tödten
oder wenigstens ihn durch gewaltsame Besitzergreifung und
Behauptung der streitigen Lebensmittel dem unfehlbaren
Hungertode zu überliefern. Wo bleibt hier die Sittlichkeit,
das ideale Streben? Zeigt dieses Beispiel nicht zur Genüge, daß in den äußersten Fällen uns das Prinzip der
Selbstsucht in seiner nacktesten Form beherrscht. Allerdings
ist dieses Beispiel nur ein äußerster Fall, aber ist nicht unser ganzes Leben auf fortwährende Concurrenz begründet,
in welcher es sich oft um Sein oder Nichtsein handelt?
Wer hat jemals tiefer in das Elend der Armuth geblickt,
ohne von der Richtigkeit dieser Ansicht durchdrungen zu
werden? Nur darum stellt die Armuth das größte Con-
tingent an Verbrechern, weil jene äußersten Lebensfragen an
Niemanden häufiger gestellt werden, als an den Armen, der
von der Hand in den Mund lebt und oft nicht einmal beim
besten Willen seinen und der Seinigen Hunger durch schwere
Arbeit zu stillen vermag. Wenn der Mensch auf eines ein
Recht hat*), so hat er ein Recht auf Arbeit. Hat die Gesellschaft geduldet, daß er in die Welt gesetzt werde, so mag
sie ihn auch erhalten. Oder wird der Proletarier vor seiner Geburt befragt, ob er als Proletarier leben wolle?
Nur der prinzipiell selbstsüchtige Capitalist sucht verhältnißmäßig hohle Scheingründe zusammen, um dieses Recht auf

---

*) Vergleiche im nächsten Capitel die Definition des Rechtsbegriffs.

Arbeit als unausführbar darzustellen. Noch weniger durch-
führbar als dieses allgemeine Recht auf Arbeit dürfte jedoch
jener ausschließlich praktische Egoismus der Capitalisten
sein. Die Erhaltung der Arbeiter in Zeiten der Noth mag
freilich ziemlich theuer sein und sie fiele einzig und allein
den Reichen zur Last, aber sie ist doch wohl nicht zu theuer,
wenn sich der Reiche um diesen Preis den ruhigen Besitz
seiner Güter erkauft.

Der Selbsterhaltungstrieb stellt die Einzelwesen einander schroff gegenüber. Später modificirt er sich durch die
Nothwendigkeit des gegenseitigen Nachgebens, und so zeigt
uns denn auch die Geschichte, daß, weil der unmodificirte
Selbsterhaltungstrieb zu große Reibungen verursachte, man
genöthigt war, jenen zweiten Zweig der Statistik der Nothwendigkeit zu entwerfen und zur Durchführung desselben
Staaten zu begründen. Der Staat soll nach Art des Brennus
den unvermeidlichen Streit der prinzipiellen Selbstsucht gegen
die Gesammtheit nach dem Bedürfnisse der Majorität schlich-
ten. In die Waagschale der Nothwendigkeit werfe er sein
Schwert. Der Staat sei sich bewußt, daß ein Prinzip nie-
mals das Bestehen einer Gesellschaft stützen könne, denn das
einzig begründete Prinzip widerstrebt sogar in seiner nackten
Form dem Geiste eines Staatswesens. Alle anderen sogenannten Prinzipien haben nicht mehr Anspruch auf den Namen von Stützen des Staats, als der Putz Theil hat an
der Festigung der Bauten. In unserer Zeit, in welcher
alle sogenannten Prinzipien nach und nach außer Cours gesetzt werden, sollte man vernünftigerweise endlich der Prinzip-
und System-Fabrication entsagen. Für alle Diejenigen,
welche die Cardinalfrage, ob Sein oder Nichtsein, im Sinne
des Seins beantwortet haben, muß sich daher vor Allem

Sinnengenuß im weitesten Sinne des Worts empfehlen. Um den größtmöglichsten Sinnengenuß zu erzielen, da selbstverständlich von einem anderen nicht die Rede sein kann, muß man vorzüglich die Genüsse wählen, welche weder ermüden, noch andere Genüsse durch etwaiges Uebermaß beeinträchtigen könnten. Jeder wird seine Individualität prüfen müssen, um das Maß von Genuß kennen zu lernen, welches er ertragen kann, ohne erschöpft zu werden:

„Doch nur vor Einem ist mir bang,
Die Zeit ist kurz, die Kunst ist lang."

Fichte sagt: Entschlossenheit im Denken führt nothwendig zur moralischen Güte und moralischen Stärke. Nicht wahr! Sie führt einzig und allein zur Erkenntniß des Prinzips der Selbstsucht. Wer zu diesem unabweislichen Endresultate noch nicht gelangt ist, wer noch sein ideales Streben für den Gegensatz der prinzipiellen Selbstsucht hält, der gehört zu den Unentschlossenen. Wir Alle sind mehr oder weniger unentschlossen und wir müssen täglich die Erfahrung machen, daß wir uns bei dieser Unentschlossenheit durchaus nicht wohl befinden.

Ein schlagender Beweis für unsere prinzipielle Selbstsucht liegt in unserem Benehmen beim Tode von geliebten Verwandten und Freunden. Wir beweinen nicht etwa deren Unglück, sondern die Lücke in unserem Herzen, welche ihr Tod uns gerissen, unsern Verlust. Im Gefühl der brennenden Wunde sagt der Leidtragende, sein Verlust sei unersetzlich; aber der Trost kommt mit der Zeit. Wenn die Lücke ausgefüllt ist, ist der Todte vergessen, es wird dann höchstens zeitweise, anstandshalber seiner gedacht. Wird sie nicht ausgefüllt, dann ist er unvergeßlich. Die Zeit heilt alle Wunden, sagt man; das heißt: Mit der Zeit werden auch die tiefsten Lücken entweder ausgefüllt oder ausgeglichen. Eine Wittwe nennt ihren Seeligen unersetzlich, so lange sie keinen Ersatz gefunden. Hat sie Gelegenheit, sich wiederzuverheirathen, so ist der Seelige vergessen.

Wer ist ein guter Dramatiker? Derjenige, welcher die Selbstsucht gut zu schildern versteht. Wer überschwengliche Ansichten zu Markte bringt, den nennen wir unnatürlich. Die Liebe muß nicht uneigennützig, sondern selbstsüchtig geschildert werden, d. h. das Ideale muß nicht durchgeführt werden, weil es ideal ist, überschwenglich, übernatürlich ist, sondern weil es der höchste Grad der Selbstsucht ist. Man muß zwischen den Zeilen des Dramas das Prinzip der Selbstsucht deutlich lesen können. Man sagt, die Höflichkeit müsse vor Allem natürlich sein. Kann sie das? Was ist denn Höflichkeit? Wir sind höflich, weil wir selbst wieder höflich behandelt zu werden wünschen. Deshalb ist Höflichkeit kein Act der absoluten, sondern ein Act der relativen Nothwendigkeit, d. h. sie ist nicht unmittelbar naturnothwendig, nicht natürlich. Denn, sagt man, merkt man der Höflichkeit Zwang an, so verliert sie in den Augen desjenigen, gegen welchen man sie erzeigt, allen Werth. Das ist doch wohl deutlich?! Wir wollen, daß die Höflichkeit natürlich, zwanglos erscheine, damit wir uns einbilden können, die Huldigungen der Höflichkeit seien lautere Wahrheit, die Schmeichelei sei nur Anerkennung unseres Verdienstes. Merkt man der erheuchelten Achtung Zwang an, so verliert sie allen Werth.

„Denn um sich greift der Mensch, nicht darf man ihn
Der eignen Mäßigung vertraun. Ihn hält
In Schranken nur das deutliche Gesetz
Und der Gebräuche tiefgetretne Spur."

Wer mit feiner Hand unsere Selbstsucht kitzelt, den nennen

wir einen liebenswürdigen, einen feinen Mann; wer aber zu grob kitzelt, mehr kratzt als kitzelt, den nennen wir einen plumpen Schmeichler, einen Speichellecker.

Zwischen geistigem [Seelenheil*)] und körperlichem Wohlbefinden machen wir Materialisten keinen Unterschied. Auch der Frömmste bittet nicht um rein geistige Güter. Mitten unter den verschiedenen Bitten um Seelenheil steht die Bitte um unser täglich Brot.

Durch Glücksversprechungen, d. h. durch die geschickte Benutzung der Schwächen des Menschen kann man mit dem Menschen machen, was man will. Wenn ich meinen Hund abrichte, so lasse ich ihn zuvor hungern, d. h. ich verstärke zuvor seinen Selbsterhaltungstrieb bis zur Unwiderstehlichkeit, um dann denselben nach meinem Willen zu dirigiren. Niemand versteht die Nutzanwendung dieses Beispiels auf den Menschen besser zu machen als unsere Theologen. Wenn sie Glauben verlangen, so wissen sie recht gut, daß sie an den menschlichen Verstand, an die Wissenschaft nicht appelliren können, sie appelliren deshalb an den Selbsterhaltungstrieb, d. h. an das Prinzip der Selbstsucht. Nur der Glaube, sagen sie, macht selig; der Ungläubige wird verdammt.

Weil der Stoff den Jammer des Menschen nicht hört, der Mensch aber gehört sein will, so erklärt er den Stoff

---

*) Treffend sagt Börne: Die Frommen sehen den Himmel für einen Hof an und blicken mit Verachtung auf alle Diejenigen herab, welche nicht hoffähig sind, wie sie. — Feuerbach sagt: Der Gläubige fühlt sich als eine Person von Distinction. Die Demuth des Gläubigen ist ein umgekehrter Hochmuth, — ein Hochmuth, der allerdings nicht den Schein, die äußeren Kennzeichen des Hochmuths hat. Er fühlt sich ausgezeichnet, aber diese Auszeichnung ist nicht Resultat seiner Thätigkeit, sondern Sache der Gnade, er ist ausgezeichnet worden, er kann nicht dafür. Er macht sich überhaupt nicht zum Zweck seiner eigenen Thätigkeit, sondern zum Zweck, zum Gegenstand Gottes.

für das Handwerkszeug der Vorsehung. Er beschließt, den Stoff zu zwingen und er setzt sich durch die Vorsehung zum Herrn des Stoffes. Seine Vorsehung, sein Gott, welche er zu willenlosen Herren des Stoffes macht, sind nicht taub gegen seine Klagen; sie dürfen nicht taub sein, denn ihre Existenz beruht lediglich in dem menschlichen Verlangen nach Erhörung der Bitten. Seine Bitten sind demnach weniger Bitten, als vielmehr Befehle bei Strafe der Dienstentlassung.

Wenn sich der Denker über einen Gedanken freut, so freut er sich darüber, daß er diesen Gedanken entweder selbst gehabt oder nachempfunden habe. Wenn der Naturforscher eine Entdeckung gemacht hat, so freut er sich, daß er der Entdecker gewesen, daß sein Ruhm durch dieselbe zunehmen werde, daß er auf Grund dieser Entdeckung werde weiter forschen können. Der Künstler, welcher sich über ein gelungenes Kunstwerk freut, ist stolz darauf, daß er der Meister ist, daß man ihn für den Meister ansehen wird. Wer aus Bescheidenheit Lob ablehnt, der rechnet sich diese Bescheidenheit sicherlich zum Verdienste. Er verzichtet scheinbar auf das fremde Lob, um sich selbst desto mehr loben zu können und um zu dem Lobe der Tüchtigkeit noch das Lob der Bescheidenheit zu fügen. Nur in den allerseltensten Fällen entspringt die Bescheidenheit aus dem Bewußtsein des eigenen Unwerthes. Die Mehrzahl der Bescheidenen besteht aus Heuchlern. — Die hohe Meinung, welche der Mensch von sich hat, ist lediglich ein Resultat seiner Selbstliebe. Wie schon gesagt: In beispielloser Selbstüberhebung verlangt er, daß jede Thatsache sich in seinem Gehirn legitimire. Weil er gewohnt ist, nach dem Ursprunge eines jeden Dinges zu fragen, so fragt er auch nach dem Ursprunge der Welt; es will ihm nicht in den Kopf, daß eine

Sache da sei, weil sie da ist. Der Materialist, welcher ihn immer auf die Thatsachen verweis't, scheint ihm seine werthgeschätzte Denkkraft herabzusetzen. Das Schrecklichste der Schrecken ist ihm aber die Behauptung, der Geist sei nur eine Gehirnfunktion. Diese Behauptung nennt er den Gipfel der materialistischen Ruchlosigkeit.

Das Glück des Menschen könnte nur in einer vollen Befriedigung des in ihm stofflich begründeten Prinzips der Selbstsucht liegen. Der höchste Grad unserer verfeinerten Selbstsucht äußert sich in unseren Idealen; man werfe nicht ein, daß dies unmöglich sei, weil der Idealist der Aufopferung fähig sei und Aufopferungsfähigkeit der Selbstsucht offenbar widerspreche. Wenn der Idealist sich aufopfert, so vergesse man nicht, daß er sich nicht aufopfert, um sich aufzuopfern oder um Dessen willen, für den er sich aufopfert, sondern um des wohlthuenden Gefühls willen, welches ihm seine That bereitet.

> Nein, nein! Sie stürzten sich in diese That, die Sie
> Erhaben nennen; leugnen Sie nur nicht;
> Ich kenne Sie, Sie haben längst darnach
> Gedürstet; — mögen tausend Herzen brechen,
> Was kümmert Sie's, wenn nur Ihr Stolz sich weidet.
> O jetzt, — jetzt lern' ich Sie verstehn! Sie haben
> Nur um Bewunderung gebuhlt!

Eine Mutter scheint der reinsten Aufopferung fähig, wenn sie sich dem Tode weiht, um ihr ertrinkendes Kind aus den Fluthen zu retten. Der Jüngling, der sich, glühend vor Begeisterung, dem Tode, der furchtbarsten Verstümmelung auf dem Schlachtfelde preisgiebt, scheint von den reinsten Triebfedern bewegt. Und doch! Was ist Mutterliebe, Vaterlandsliebe Anderes als Selbstsucht? Weil wir nun erkennen, daß Nichts in der Welt absoluten Werth hat, daß der Werth, welchen wir einer aufopfernden That beilegen, nur ein selbstgemachter, imaginärer Werth ist und weil nur reeller, nicht imaginärer Werth unsern kritisirenden Menschenverstand befriedigen kann, darum können wir den höchsten Grad unseres Prinzips, unserer Selbstsucht, nicht befriedigen, darum müssen wir wieder im Durste liegen.

Das Judenthum mit seinem Nationalgotte, mit seiner Rachsucht ist ein Ausfluß des nackten Egoismus. Der Egoismus verfeinert sich, aus der Rachsucht wird Feindesliebe, aus seinem Grabe entsteigen die vergötterten Ideale, wir haben das Christenthum vor uns. In diesem Sinne darf man das Christenthum ein verfeinertes Judenthum nennen.

V.

Was ist gut?

Eitelkeit ist Freude an der eigenen Individualität, Stolz befriedigte Selbstsucht. Es ist Freude an der eigenen Individualität, einzig in seiner Art zu sein, das Gemeine in wesenlosem Scheine hinter sich zu lassen. Jeder, auch der gewöhnlichste und verkommenste Mensch weiß eine Funktion seines Körpers oder Geschicklichkeiten zu nennen, in welchen er Vorzügliches leistet oder leistete. Weil uns das Unbekannte poetisch erscheint, so schätzen wir die Eigenschaften, welche uns fehlen, wollen nicht zugeben, daß sie uns fehlen, ja, legen sie uns mit Vorliebe bei. So spricht oft der Häßliche von seiner Schönheit, der Dumme von seiner Schlauheit, der Feige von seinem Muthe. Ist die Häßlichkeit zu groß, um sie ableugnen zu können, so erklärt der Häßliche: Schönheit des Geistes geht über Schönheit des Körpers; ist die Feigheit zu offenkundig, so sagt der Feige: Klugheit ist die bessere Hälfte der Tapferkeit. Der Unglückliche meint, sein Loos sei einzig in seiner Art, noch nie dagewesen. Das tröstet ihn. Kann der Mensch weder durch seine Gehirnfunktion, noch durch irgend eine andere Funktion glänzen, so zeigt er uns den Reichthum seines Herzen. Deshalb wird den Armen, den Wittwen und Waisen das Evangelium gepredigt. Nur die Schwachen und Armen bedürfen des

Herzensreichthums, um Freude zu haben an der eigenen
Individualität, um leben zu können; nur sie verlangen nach
dem Evangelium. Weil wir erkennen mußten, daß wir nicht
den geringsten reellen, absoluten Werth besitzen, da eben Nichts
in der Welt absoluten Werth hat, weil aber dennoch das
Bedürfniß, Werth zu besitzen, durch eine vieltausendjährige
stoffliche Entwickelung unserer Gehirnfunktion zu sehr in
uns begründet ist, darum erfinden wir den Begriff der Ehre,
durch welche wir uns einen imaginären Werth schaffen. Wir
wollen uns jedoch an einem imaginären Werth nicht genügen
lassen; deshalb sind wir leicht geneigt, den imaginären Werth
für reell zu nehmen und wir wissen es dem nicht Dank, der
uns diesen süßen Wahn unnachsichtlich zerstört. Darum
stößt der Materialismus auf so viel Widerstand. Alle jene
Begriffe des Guten, Schönen, Edlen, der Pflicht, der Tugend, der Ehre fallen vor der zersetzenden Kraft thatsächlicher
Wahrheit. Fürwahr! Die Welt ist zu einer gegenseitigen
Bewunderungsanstalt geworden, in welcher, man möchte
sagen, verabredetermaßen nur von Bewunderung die Rede
sein darf. Wer die verpönte Wahrheit zu predigen wagt,
den kreuzigt und verbrennt man. Ach! In der guten, alten
Zeit war es doch besser; da konnte man noch einen Galilei
getrost auf die Folter spannen, ohne sich deshalb vor dem
Ungeheuer der öffentlichen Meinung fürchten zu müssen!

Werthlos wie wir sind können wir Niemanden beloben,
Niemanden tadeln, Niemanden belohnen, Niemanden verurtheilen. Weil wir selbst dem Zufall unsere Leiden verdanken, deshalb haben wir Mitleid mit unseren Mitmenschen,
unseren Leidensgefährten, d. h. wir entschuldigen die sogenannten Verbrechen unserer unglücklicheren Mitmenschen, die
nothwendigen Resultate ihrer noch trostloseren Lage; wir

thun ries, weil wir selbst unter der letzteren leiden. Wir bedauern, daß der Staat sich in die traurige Nothwendigkeit versetzt sieht, sie zu bestrafen und wir können uns nicht der Ansicht verschließen, daß die Richter, welche den Angeklagten nach dem Gesetz verurtheilen müssen, ihre bevorzugte Stellung nur dem Zufalle verdanken, daß der Zufall ebenso gut bewirkt haben könnte, daß sie oder wir auf der Anklagebank säßen.

„Ich dächt' Ihr ließet Euch belehren.
Associirt Euch mit einem Poeten;
Laßt den Herrn in Gedanken schweifen,
Und alle edlen Qualitäten
Auf Euren Ehrenscheitel häufen:
Des Löwen Muth,
Des Hirsches Schnelligkeit,
Des Italieners feurig' Blut,
Des Nordens Dauerbarkeit!
Laßt ihn Euch das Geheimniß finden,
Großmuth und Arglist zu verbinden,
Und Euch mit heißen Jugendtrieben
Nach einem Plane zu verlieben!
Möcht' selbst solch' einen Herren kennen;
Würd' ihn Herrn Mikrokosmos nennen!"

Klug im wahren Sinne ist eigentlich nur der, welcher aus der Wissenschaft die letzte Consequenz zieht, d. h. wer Blausäure nimmt und zwar augenblicklich. Da aber nur wenige Menschen dies thun werden, so müssen wir die Frage anders stellen. Wir fragen jetzt: Wer ist lebensklug? Lebensklug ist Derjenige, welcher vermöge einer gehörigen Uebung seiner stofflichen Combinationsfähigkeit des Gehirns das Prinzip der Selbstsucht soviel als möglich durchzuführen versteht. Freilich ist Lebensklugheit eigentlich Unklugheit, weil, wie wir weiter unten sehen werden, unsere Lage eine völlig trostlose ist. [Der Gattungstheoretiker sagt, die menschliche Gattung sei kfüger als das geistreichste Individuum. Er hat nicht recht. Mehr lebensklug (und streng genommen auch dieses nicht, weil das Talent geistreicher sein muß als der mittlere Mensch), d. h. weniger klug mag er sein, aber nicht klüger.] Indessen wir wollen uns diesmal der tyrannischen Mode unterwerfen und den Lebensklugen, den Unklugen klug nennen. Den spitzfindigen Unterschied zwischen „Weise" und „Klug" kennt der Materialist nicht. Der Theolog sagt, der Weise unterscheide sich dadurch vom Klugen, daß er zur Erreichung seiner guten Absicht die geeigneten, und zwar gute Mittel wähle, während der Kluge weder bei der Wahl seiner Zwecke noch in der seiner Mittel wählerisch sei. Wir Materialisten hingegen sagen: Der Weise ist klug und der Kluge weise, d. h. der Kluge wählt die guten Zwecke und er bedient sich jedes beliebigen, aber schnell und sicher wirkenden Mittels. Um die Richtigkeit dieses Satzes nachzuweisen, müssen wir erst zu erklären suchen, was gut sei. Ich glaube nicht, daß man mich der Einseitigkeit der Theologen anklagen wird, wenn ich den Begriff des Guten so weit wie möglich fasse, wenn ich gut alles Das nenne, was mir angenehm ist.

Gut ist der Genuß, der Taumel, gut ist die Liebe, gut ist aber auch der Haß, denn er ist ein ganz leibliches Aequivalent da, wo man keine Liebe haben kann. Gut ist der Besitz, weil er umgesetzt werden kann in Genuß; gut ist die Macht, weil sie unsern Stolz befriedigt, gut ist die Wahrheit, so lange sie uns Genuß bereitet, gut sind aber auch die Lüge, der Meineid, Verstellung, List und Schmeichelei, wenn sie uns Vortheile bringen. Gut ist die Treue, so lange sie belohnt wird, gut aber ist auch der Verrath, wenn er höher im Preise steht als die Treue oder wenn die Treue zum Verbrechen wird. Gut ist die Ehe, so lange sie uns beglückt, gut ist der Ehebruch für den, welchen die Ehe langweilt, und für den, welcher eine verheirathete Person liebt. Gut sind Betrug, Diebstahl, Raub und Mord, sobald sie zum Besitze und somit zum Genusse führen, gut ist die Rache, welche unser beleidigtes Selbstgefühl zufriedenstellt. Gut ist das Leben, so lange es für uns ein Räthsel ist, gut ist aber auch der Selbstmord, sobald wir dieses Räthsel gelös't haben (siehe das nächste Capitel). Gut ist ferner der Besitz eines wohlorganisirten Körpers; gut ist die Gesundheit, ohne welche der Genuß unmöglich ist, gut sinnliche Erregbarkeit und Empfänglichkeit, gut die Leidenschaft, gut der Rausch. Gut sind Schönheit, Kraft, Muth, Genie, Schlauheit, Geschicklichkeit, alle jene Eigenschaften des menschlichen Körpers, welche zum Genusse und zur Bereitung des Genusses unentbehrlich sind.

Nicht gut ist vor Allem die Langeweile, die Entbehrung, die Armuth. Nicht gut ist alles Das, was uns verhindert, unsere Lage zu verbessern, was uns vom Genusse trennt. Nicht gut sind darum Krankheit, Häßlichkeit, Schwäche, Furchtsamkeit, Dummheit, Blödigkeit. Nicht gut ist Ohnmacht. Nicht gut ist die Wahrheit, wenn man uns um ihretwillen kreuzigt und verbrennt. (Mit Wahrheitsagen, das weiß ja Jedermann, hat sich noch Niemand sein Brot verdient, noch weniger aber Zucker). Nicht gut sind die Lüge, der Meineid, Verstellung, List, Schmeichelei, wenn sie nichts einbringen, wohl gar schaden; nicht gut die Treue, wenn man uns um ihretwillen verfolgt; nicht gut der Verrath, wenn der Verräther gehängt wird, nicht gut der Ehebruch, wenn die Gefahr den erwarteten Genuß überwiegt, nicht gut Betrug, Diebstahl, Raub und Mord, wenn man dafür in's Gefängniß wandert. Indem ich diese Zeilen schreibe, höre ich schon das allgemeine Anathema über meine beispiellose Ruchlosigkeit, weil ich das Kind beim rechten Namen nenne. Aber wie nun, wenn ich nachweise, daß die gesammte Menschheit, folglich auch Ihr, grölende Phllister, von jeher dieser Meinung gewesen selb. Sperrt doch Eure langen Ohren auf und hört es ungescheut auf den Straßen predigen: Laß Dich nicht erwischen, das ist das vornehmste und größte Gebot! Oder etwa: Es giebt kein eigentliches Verbot, man kann Alles thun, nur das decorum muß man wahren. Die großen Diebe wahren das decorum, die kleinen verstehen diese Kunst noch nicht; deshalb hängt man die kleinen, die großen aber läßt man laufen. — Das Christenthum ist eine exclusive Religion. Die orthodoxe römische und die orthodoxe griechische Kirche haben dies bereits satlsam bewiesen und die neubackene orthodoxe protestantische Kirche unterscheidet sich nur noch so wenig von ihren älteren Geschwistern, daß man sie nicht leicht der Exclusivität ledig erklären kann. Wo Glaube ist, da ist Glaubenseifer und wo Glaubenseifer, da ist Fanatismus, das heißt, die Lust und das Bestreben, den Glauben auf jede Art auszubreiten. Es ist wahrhaft unbegreiflich, wie man den Jesuiten den Grundsatz „der Zweck heiligt die Mittel" hat zum Vorwurf machen können. Jeder orthodoxe Christ, Muselmann, Jude muß diesen Grundsatz zu dem seinigen machen. Was die Jesuiten gethan haben, das hätte jeder Orthodoxe thun müssen. Die Jesuiten aber haben gelogen, betrogen, gestohlen, geschmeichelt, verrathen, falsch geschworen, gemordet, Alles ad majorem Dei gloriam. Unsere Protestanten aber erlauben die Nothläge ad majorem Dei gloriam. Calvin verbrannte einen Diffidenten ad majorem Dei gloriam. Die Geistlichkeit nahm sich der Tortur und Hexenprozeſſe an, ad majorem Dei gloriam. Die Religion wußte von jeher die Schlechtigkeiten der Politik durch den Mantel der Vaterlandsliebe zu entſchuldigen. Auch die morganatiſche Ehe der Fürſten hat unter der dienſtesbefliſſenen Geiſtlichkeit recht warme Vertheidiger gefunden.

Wenn der Katholicismus Andersgläubige durch Kreuzzüge, Religionskriege, Dragonaden, Scheiterhaufen verfolgte, so kann man in proteſtantiſchen Katechismen (Dräſecke, Glaube, Liebe, Hoffnung, ein Handbuch für junge Freunde und Freundinnen Jeſu, 7. Auflage, S. 71) und zwar in einem Capitel, welches überſchrieben iſt „Mein Leben iſt die Liebe," deutlich leſen: Auch (oder vielmehr nur, was übrigens ganz daſſelbe ſagen will,) fremde Glaubensgenoſſen ſind meine Brüder. Die Conſequenz kann Jeder ſelbſt ziehen. Man weiß nur zu gut, wie die Frommen mit denen umgehen, welche ſie nicht für ihre Brüder erklären. Feuerbach ſagt: „Der Glaube iſt gebieteriſch, es iſt daher nothwendig, es liegt im Weſen des Glaubens, daß er als Dogma fixirt wird. Chriſtus ſagt: Wer nicht für mich iſt, der iſt wider mich. Glauben iſt gleichbedeutend mit „Gutſein", Nichtglauben mit „Böſeſein." Der Ungläubige iſt ein Feind Gottes, darum auch unſer Feind. Deshalb iſt der Gläubige gut gegen den Gläubigen, böſe gegen den Ungläubigen, deshalb liegt im Glauben ein böſes Prinzip." Dem Jeſuitismus ähnlich und faſt ebenſo conſequent wie dieſer iſt der Macchiavellismus. Jeſuitismus wie Macchiavellismus lügen, ſtehlen, morden aus Liebe zu einer guten Sache, der erſtere aus Liebe zu Gott, der zweite aus Liebe zum Vaterlande, das heißt, wie wir oben gesehen haben, aus Selbstsucht. Ha! werden die grölenden Philister sagen, wenn diese Ansichten allgemeine Geltung hätten, so müßte ja ein wahrhaft scheußlicher Zustand entstehen. Die jetzigen Verhältnisse würden auf den Kopf gestellt. Mit Nichten! Es bliebe fast Alles beim Alten. Unsere Zustände würden nicht scheußlicher erden, als sie sind. Dem prinzipiellen Egoisten, welcher sich für klug genug hält, um den zweiten Theil der Statistik der Nothwendigkeit umgehen zu können, flößt jetzt die Religion keine Furcht mehr ein. Trotz jüngstem Gericht, Fegefeuer, Heulen und Zähneklappen geschehen noch viele Verbrechen und unsere Theologen mögen sich nur bei den Insassen der Zuchthäuser erkundigen nach dem, was diese mehr fürchten, die Hölle oder die gerichtlichen Strafen, so wird ihnen ein Licht darüber aufgehen, daß die Kirche heutzutage eine schlechte Polizeianstalt ist. Sind denn die jetzigen Zustände mit ihren Millionen Proletariern glücklicher als die römische Kaiserzeit? Die Reichen waren zur Zeit Nero's unsicherer in ihren Genüssen, dem Armen gab man wenigstens Brot und Spiele. Heute sind die Reichen sicherer, die Armen aber haben weniger Brot und keine Spiele. Wenn der civis Romanus seinen Sklaven kreuzigen oder den Löwen vorwerfen ließ, so war dies ein geringeres Unglück als der langsame Hungertod unserer modernen Sklaven, der Proletarier.

Gewalt ist Recht. Weil die Majorität die Gewalt hat, deshalb ist sie im Recht. Versteht es die Majorität nicht, sich ihrer Kraft zu bedienen, so ist sie im Unrecht. Der Besitzende ist so lange im Recht, als er seinen Besitz behaupten kann. Wer zu schwach ist, seinen Besitz zu behaupten, der ist faktisch im Unrecht. Wenn ich dumm genug bin, um mir mein Geld stehlen zu lassen, so ist der Dieb im Recht, wenn er mein Geld verausgabt. Der Satz: Si vis pacem para bellum lautet in's Deutsche übersetzt: Wenn der Staat seinen Besitzstand behaupten will, so muß er sich in Verfassung setzen; jeden Feind zurückzuwerfen. Wenn er aus finanziellen Bedenken es versäumt, im Hintergrunde der papiernen Verträge mit einer genügenden Streitmacht dem Concurrenten die Zähne zu weisen, so ist er im Unrecht. Darum ist es gefährlich für einen Staat, wenn Idealisten oder Einlagspolitiker von finanziellen Bedenken an seiner Spitze stehen. Der Staatsmann muß die nöthige Klarheit und Ruhe besitzen, um unbeirrt von dem Geschreibsel der Zeitungen seinen eigenen Weg zu gehen. Dieser Weg sei der Weg der Gewalt. Nicht Gründe, sondern nur entgegengesetzte Gewalt dürfen bestimmend auf ihn einwirken. Gründe sind für den Zeitungspöbel, um die dumme Menge zu bearbeiten. Das Gefährlichste für einen Staat ist, Prinzipienpolitik zu treiben. Die einzig richtige Politik ist die Gelegenheitspolitik; doch mag es in unseren Zeiten immer noch recht angenehm sein, wenn es dem Staatsmann möglich wird, seine Gelegenheitspolitik als Prinzipienpolitik darzustellen, um die Großmacht des Zeitungspöbels, die öffentliche Meinung auf seine Seite zu bringen.

Die Religion ist schon oft eine moralische Anstalt genannt worden. Die Polizei ist nun ebenfalls eine moralische Anstalt. Dies zeigt die nahe Verwandtschaft von Religion und Polizei. Die Religion ist die sich mit einem poetischen Nimbus umgebende Polizei. In Zeiten, in welchen die Wissenschaft noch gleich Null war und die Phantasie Alles erklären sollte, war es ganz vernünftig, daß man die Polizei so wie alle Dinge mit einem poetischen Nimbus umgab. Heutzutage aber, im neunzehnten Jahrhundert, welches sich mit Vorliebe das praktische nennen hört, lockt man mit poetischen Redensarten keinen Hund mehr hinter dem Ofen hervor. Deshalb ist es heutzutage Kurzsichtigkeit, zu glauben, daß die Religion noch immer das sei, was sie gewesen. Ich bin weit entfernt, zu verkennen, daß die Dummheit der Menschen noch groß ist, und daß deshalb die Religion immer noch großen Einfluß ausübt, aber, wenn ich den großen Umschwung der Ansichten betrachte, welchen die materielle Entwickelung der letzten 45 Friedensjahre hervorgerufen hat, so komme ich zu dem Schluß, daß in noch einmal fünfundvierzig Jahren weiterer materieller Entwickelung die völlige Unbrauchbarkeit der Religion als einer Polizeianstalt für entchristete Massen außer Zweifel gesetzt sein wird. Schon heute ist die einzig richtige, weil praktische Grundlage der Moral für diese entchristeten Massen der Zwang, die Gewalt, die wirkliche Polizei, der Staat. Nur der Staat kann mit Hülfe seines Schwertes die Menschen vor sich selber schützen. Hätten die Tiger eine der menschlichen an Größe vergleichbare Gehirnfunktion, sie würden mit demselben Glück und Geschick wie wir eine bürgerliche Ordnung begründen können. Es ist eine schon oft ausgesprochene, aber selten genügend verstandene Wahrheit: „Der Mensch ist ein gezähmtes Raubthier" oder mit anderen Worten: „Ein guter Bürger ist ein gezähmter Mensch." Die materialistische Neuzeit plagen keine Skrupel noch Zweifel, fürchtet sich weder vor Hölle noch Teufel; nur Gefängnisse, Guillotine und Bayonette imponiren ihr. Jeder Einsichtige erkennt die Nothwendigkeit dieser Waffen des Staates an und achtet sie gewissermaßen. Die Religion aber compromittirt durch ihren Bund mit dem Staate vor einem so materialistischen Publitum die Reellität der staatlichen Zwecke. Man mißtraut dem Staate, weil man der Religion mißtraut.

Der Vornehmste ist Derjenige, welchem es gelingt, alle Anderen zu Werkzeugen seiner Selbstsucht zu machen. Immer trägt Reinecke der Fuchs den Sieg davon. So war es von jeher, so ist es jetzt. Der Despotismus ist in der That das einzige Mittel, die streitenden Interessen endgültig zu versöhnen. Das beste Mittel zur Befriedigung Aller ist daher ständische Gliederung, Kastenwesen, das heißt ungleiche Vertheilung des allgemeinen Raubes. Alle obern Classen reiten auf der untersten, so daß diese erliegen muß. Die Mittelclassen erheben dann gegen die höheren keinen Widerspruch, weil ihr Raubantheil größer ist als ihr Rechtsanspruch bei gleichmäßiger Vertheilung sein würde und weil sie die Bundesgenossenschaft der höheren Classen gegen die Proletarier nicht entbehren können. Aus demselben Grunde empfiehlt sich auch das Zunftwesen. Die Staatskunst besteht in der Versöhnung der Einzelwesen durch Modification der prinzipiellen Selbstsucht. Der Religion gelang diese Versöhnung in so hohem Grade, daß sie das Bestehen der Gesellschaft bei den schreiendsten Ungerechtigkeiten ermöglichte. Wer hier zu kurz kam, dem wurde auf das Jenseits ein Wechsel ausstellt. (Vor den Menschen, schrieb Paulus an einen christlichen Sklaven, bist Du ein Sklave, vor Gott aber bist Du ein Freigelassener.) Wenn der Arme im sauersten Schweiße an einer harten verschimmelten Brotrinde nagte, so tröstete man ihn mit dem Bibelworte: „Dem Armen wird das Evangelium gepredigt." Jetzt will aber der Arme jenen Wechsel nicht mehr acceptiren. Er will baare Bezahlung, das heißt Antheil am Genusse. Er sieht nicht ein, warum er arbeiten soll, damit der Reiche sich amüsiren könne; kurz er stellt sich auf den praktischen Standpunkt, seine prinzipielle Selbstsucht weicht nur der Gewalt. Lieben ist erlaubt, das thut er; das Hassen kann ihm Niemand wehren, das thut er auch; in manchen Ländern darf er sogar seinen Haß theilweise äußern, er thut es mit Vergnügen; aber ihn durchführen darf er nicht. Die Klugheit räth ihm, sich zu mäßigen, die Rache wenigstens zu verlagen, ja sogar sich zu versöhnen. Besitzen ist erlaubt, das Eigenthum wird sogar geschützt; man wird also nach Besitz streben, und den gewonnenen Besitz zu behaupten suchen. Die Klugheit aber räth, die Entbehrungen der Armen nicht zu groß werden zu lassen, um den Armen nicht zum Aufruhr zu treiben. Die Klugheit räth ferner, sich der Macht zu unterwerfen, ein guter Bürger zu sein, d. h. den Grundsatz „Ruhe ist die erste Bürgerpflicht" weder zu viel noch zu wenig durchzuführen.

Was schwatzen uns die neueren Gattungstheoretiker da wieder vor; die Menschlichkeit verlange, daß man auch seinen Feind liebe. Jeder, den unsere verdrehte Erziehungsmethode noch nicht allzusehr dem Gebiete der Vernunft entrückt hat, wird seinen Feind gründlich hassen und seinen Freund herzlich lieben. Selbst halbverrückte Schwärmer vermögen nicht die ungeheuerliche Tugend der Feindesliebe zu üben. Wenn's hoch kommt, so bilden sie sich ein, Dies zu können. Man sagt uns, die wahre Humanität bestehe darin, daß man Jeden ruhig gewähren lasse. Auch von dieser Tugend gilt, daß man sie nicht um ihrer selbst willen übt. Die Praxis der Tugend verlangt auch hier Gegenseitigkeit und es beruht demnach diese bis an die Sterne erhobene Tugend auf der gegenseitigen Furcht, daß das Glück und mit diesem die Gewalt wechsele. Nur aus diesem

Grunde werden in unserer Zeit die Gewissensfreiheit und Preßfreiheit allgemein anerkannt. Soll der Staat ein Mittel sein, um seine Bürger möglichst glücklich zu machen, so muß er die Beweglichkeit, welche der ungezügelte Egoismus gewährt, nicht zu sehr schwächen zum Besten der Staatsstützen; das heißt, er darf, wenn irgend möglich (?) kein Polizeistaat, kein Militärstaat sein. Aus diesem Grunde findet die Selbstregierung der Gemeinden so viele Fürsprecher. In absolutistisch regierten Staaten hatten die Staatsstützen, in Republiken die prinzipielle Selbstsucht häufig zu großen Spielraum. Es ist damit nicht gesagt, daß in Monarchien Erstere, in Republiken die Letzteren nothwendig überwiegen müßten; darum ist es die Aufgabe der Staatswissenschaften, das heißt, der Einlagsberechnungen, die Verfassung ausfindig zu machen, welche die möglichste Beweglichkeit des Einzelnen mit der größten Sicherheit Aller zu verbinden weiß.

Das menschliche Herz ist nun einmal liebebürftig und unser Dasein ohne Tugend zu öde und unerquicklich, so daß wir genöthigt sind, die Begriffe des Guten und Schönen, weil wir sie nicht in der Natur begründet vorfinden, aus eigener Machtvollkommenheit aufzustellen. Es ist Thorheit, zu verlangen, daß man das Gute um seiner selbst willen übe; Schwärmer glauben dies zu können; die Menschheit aber will praktische Vortheile für das Ueben der Tugend und umsonst ist nur der Tod. Sie rechnet mit den Opfern, welche sie der Tugend bringen muß. Es ist Schwäche, Opfer zu bringen, welche sich nicht durch Anerkennung und Gegenliebe bezahlt machen. Darum kann Freundschaft zwischen Menschen nicht bestehen, von denen der Eine mehr giebt als er empfängt und Freundschaften sind darum so selten, weil die meisten Menschen noch gar keine Ahnung haben von dem ersten Paragraphen eines Freundschaftsbündnisses, welcher von der Gegenseitigkeit handelt. Nicht darin beruht das Wesen der Freundschaft, daß die contrahirenden Theile über ihr eigenes Interesse hinwegsehen, sondern ganz im Gegentheil darin, daß sie dasselbe Beide recht wohl verstehen. Machen wir uns keine Illusionen! Niemand opfert ohne selbstische Hintergedanken. Niemand! Freilich sind diese Hintergedanken oft, wie wir zu sagen pflegen, edlerer Natur, aber sie sind nichtsdestoweniger doch Hintergedanken. Werden wir in der Hoffnung auf Anerkennung und Gegenliebe getäuscht, dann stellt sich jene Erkältung des Herzens ein, welche alle Opferwilligkeit erlödtet; dann tritt die nackte Selbstsucht in ihre natürlichen Rechte. Hartherzigkeit und Grausamkeit sind die letzten Stadien dieser Erkältung. So wird der Mensch das wieder was er war, bevor er sich zähmen ließ, ein Raubthier.

Wir Alle, Christen und Atheisten, sehen ein, daß eine Moral nothwendig sei zu einer vollkommen glücklichen Existenz der Menschheit. (Ob sie möglich sei, ist eine andere Frage.) Aber darin weichen wir Materialisten von Allen ab, daß wir zu der Erkenntniß gekommen sind, es sei überhaupt unmöglich, eine Grundlage der Moral für die entchristeten Massen zu schaffen. Wir Materialisten können uns nicht dem wenig erfreulichen Satze verschließen, daß die Selbstsucht das einzig richtige Prinzip sei, welches in den Naturgesetzen begründet ist. Daraus geht klar hervor, daß aus der Natur keinerlei Stützen für unsere Sittenlehre hergeleitet werden können, und daß wir überhaupt darauf verzichten müssen, jemals eine prinzipielle Grundlage für dieselbe zu finden.

Aber was ist denn Charakter? Kann ein Mensch,

welcher nicht reell, Charakter haben? Haben Thiere nicht
auch Charakter? Giebt es nicht bissige und fromme, treue
und untreue, lebhafte und phlegmatische, muthige und furcht-
same, freundliche und heimtückische Hunde? Endlich: Bildet
nur der Strom der Zeiten Charaktere?

Man wird nicht behaupten können, daß ein Mensch,
welcher nicht denkt, keinen Charakter habe, aber ebensowenig
wird man ihm einen festen Charakter zuschreiben können,
wenn das geringste Maß von Belehrung hinreicht, ihn zu
verändern. Doch wer in der Welt könnte sich rühmen,
einen festen Charakter zu besitzen? Die unzähligen stofflichen
Veränderungen, welche ganz außer dem Bereiche unserer
Willensthätigkeit liegen, bewirken ebensoviele, ja man kann
sagen, sind selbst ebensoviele Veränderungen unseres Charakters. Will man den Begriff des Charakters weiter fassen,
so liegt kein Grund zur Ausschließung der Thiere vor. Wir
Materialisten können den Charakter nur im Stoffe selbst
sehen, nicht, wie man früher irrig annahm, im Gegensatz
zur Außenwelt, weil wir keinen freien Willen haben und
der Gedanke nur eine stoffliche Bewegung ist. Charakter ist
der Inbegriff aller Eigenthümlichkeiten des Nervensystems,
wie sie sich nach und nach aus der ererbten Anlage durch
Erfahrungen entwickelt haben. Man sollte nun meinen, daß
ein großes Maß von Erfahrungen starke Charaktere erzeuge;
aber dieser folgerichtige Satz stimmt mit der Wirklichkeit
d. h. mit unseren gegenwärtigen Zuständen nicht überein,
weil unsere Erziehungsmethode eine zu zweckwidrige ist, und
weil die ererbten, oft mangelhaften Anlagen gar Viele hindern, ihr verhältnißmäßig reiches Wissen zu verbauen und
zu verwerthen. Wenn die Menschheit in ihrer Entwickelung
fortschreitet, dann wird auch jener folgerichtige Satz sich

immer mehr der Wahrheit nähern. Wenn man weiß, welche Schwierigkeiten uns auch die kleinsten Aeuderungsversuche unseres Charakters bereiten, weil Veränderungen desselben nur durch stoffliche Veränderungen möglich werden, so wird man sich einen annähernden Begriff machen können von dem langen Zeitraum, welchen stoffliche Veränderungen des mittleren Menschen erfordern. Revolutionen, denen nicht stoffliche Veränderungen im Organismus des mittleren Menschen vorangingen, müssen scheitern. Letztere machen sich auch ohne die ersteren geltend. Und darum, wenn sich überhaupt Etwas empfiehlt, so empfiehlt sich vor Allem der ruhige Fortschritt.

VI.

Trostlosigkeit unserer Tage.

„Du bist am Ende was Du bist!
Setz' Dir Perrücken auf von Millionen Locken,
Setz' Deinen Fuß auf ellenhohe Socken
Du bleibst doch immer was Du bist."

Feuerbach sagt: „Endlichkeit und Nichtigkeit sind identisch." Endlichkeit ist nur ein Euphemismus für Nichtigkeit. Weil die Gedanken nur stoffliche Bewegungen sind und weil wir den Stoff nicht beherrschen können, darum giebt es keinen eigentlich freien Willen. Weil der Selbsterhaltungstrieb jedem Organismus innewohnt, darum ist die Selbstsucht das natürliche Prinzip. Weil alle unsere Eigenschaften nur Potenzen der Eigenschaften von Thieren sind, darum sind wir selbst Thiere. Weil wir den Stoff regieren möchten und nicht regieren können, weil die Selbstsucht das natürliche Prinzip ist, der höchste Grad derselben jedoch, unsere Ideale der unerbittlichen Wirklichkeit gegenüber zur Unmöglichkeit werden, weil wir gern mehr sein möchten als unsere Hunde und doch nicht mehr sind; darum sind wir unglückliche Wesen und darum ist dieses Leben nicht der Mühe werth. Weil wir täglich die Erfahrung machen, daß wir im Schlafe unsere Sorgen vergessen, darum sind wir im schlafenden Zustande glücklicher oder vielmehr weniger unglücklich als im wachen, und darum ist der Tod als permanenter Schlaf der Gegenstand unseres Strebens. Wir fordern Jeden heraus, uns zu widerlegen d. h. Jeden, der mit uns den Boden der Thatsachen betreten will und wahrlich! wir würden uns bei ihm bedanken, wenn er uns durch schlagende Gegenbeweise wieder Lebenslust, wieder Hoffnung einzuflößen vermöchte. Ich brauche wohl nicht erst zu sagen, daß es mir durchaus nicht darum zu thun ist, durch barocke Behauptungen Lärm zu machen, sondern daß das Gesagte leider nur zu bitterer Ernst ist.

Da alle unsere Wahrnehmung eine sinnliche ist, da wir wissen, daß Gedanken nur stoffliche Bewegungen sind, so fragen wir mit Recht nach den Merkmalen, welche die sogenannte höhere Sinnlichkeit von der sogenannten niederen Sinnlichkeit unterscheiden und wir dürfen uns nicht verhehlen, daß der Thätigkeit des Gehirns gegenüber der Thätigkeit irgend eines andern Organes durchaus kein Vorzug eingeräumt werden darf, daß vielmehr die anorganischen Gegenstände eine höhere Bedeutung haben, weil die organische Welt kein unentbehrliches Glied des Kosmos ist. Das Gehirn gehört, wie die Erfahrung gelehrt hat, keinesweges zu den Organen, welche zum Leben unentbehrlich sind. Man hat Thieren das Gehirn genommen und sie haben fortvegetirt. Man könnte deshalb sagen, daß das Gehirn das werthloseste Ding in der Welt sei.

Wir sahen im vorigen Kapitel, daß nur lebenskluger Sinnengenuß im weitesten Sinne des Wortes vernünftigerweise einzig und allein sich uns Menschen als Lebenszweck empfehlen könne, und es fragt sich unter diesen Umständen ganz ernstlich, ob dieses Leben der Mühe werth sei. Man würde diese Frage unbedingt bejahen können, wenn der Mensch seine Genüsse nicht kritisiren könnte, wenn er nur den Geschmack, sein Urtheil hälte. Darin beruht eben unser Unglück, daß der Geschmack immer auf das zurückkommt, was das Urtheil schon längst verworfen hat. Feuerbach freilich, der Gattungstheoretiker, meint, daß das, was der Geschmack bejaht, das Urtheil nicht verneinen könne; allein es geht ihm, dem Philosophen, nicht besser als den von ihm vielgeschmähten Theologen, er ist vollständig incompetent, weil er wie diese an die Beurtheilung von Thatsachen mit dem guten Vorsatze geht, nur das Angenehme aus ihnen herauszulesen. Kann man aber von dem, welcher nur in einer bestimmten Richtung sucht, sagen, daß er im Stande sei, das Richtige zu finden? Anders wir, die nackten Materialisten. Was wir fanden, das hätten wir freilich lieber nicht gefunden, aber das ändert Nichts an der Sache. Weiter sagt Feuerbach: „Wie wäre es möglich, sein Sein als Nichtsein, seinen Reichthum als Mangel, sein Talent als Unvermögen zu gewahren?" Darauf antworten wir: Niemand wird behaupten können, daß man sein Sein als Nichtsein gewahren könne, wohl aber als Endlichkeit oder Nichtigkeit, welche Feuerbach selbst als identisch aufstellt. Was menschlicher Reichthum und menschliches Talent sein soll, das ist mir geradezu unverständlich. Wie kann man von Reichthum faseln im Angesichte der uns unerbittlich angähnenden Wissensschranken, wie von Talent im Angesichte unserer so äußerst mangelhaften Beobachtungsfähigkeit. Der Gedanke, daß die Entwickelung der Menschheit nach nothwendigen Gesetzen geschehe, um Alle glücklich zu machen, war kindisch, aber doch schön. Die Hoffnung, wenigstens ein Handlanger beim Bau der Ewigkeiten zu sein, konnte doch noch, so bescheiden sie auch war, einem gewissen Stolz erzeugen. Diese Hoffnung fällt unwiederbringlich und doch ist sie der armen Menschenseele zu dem bescheidensten

Glücke nöthig. Menschliches Glück kann aber nur in einem gewissen Bewußtsein eigenen Werthes und der daraus entspringenden Freudigkeit zur Arbeit gedacht werden; um zu einem solchen Bewußtsein zu gelangen, bedürfen wir eines Zieles, eines Preises, und diese gehen uns gerade ab. Theologen und Philosophen mögen sich mit ihren Grundsätzen brüsten; der nackte Materialist muß einsehen, daß er sich durch den Besitz von Grundsätzen nur lächerlich mache. Könnte der Mensch seine Lage nicht kritisiren, so könnten die zahlreichen Sinnengenüsse, ich meine die sogenannten niederen Sinnengenüsse, einen erträglichen Zustand bewirken. Die Erkenntniß aber, daß wir uns durch alle diese Genüsse eben nicht von den Thieren unterscheiden und der uns leider innewohnende Drang, mehr absoluten Werth zu besitzen als unsere Hunde, verbittert uns auch die Genüsse, welche sonst recht eigentlich diesen Namen verdienten.

> „In jedem Kleide werd' ich wohl die Pein
> Des engen Erdenlebens fühlen.
> Ich bin zu alt, um nur zu spielen,
> Zu jung, um ohne Wunsch zu sein.
> Was kann die Welt mir wohl gewähren?
> Entbehren sollst Du! sollst entbehren!
> Das ist der ewige Gesang,
> Der Jedem in die Ohren klingt,
> Den unser ganzes Leben lang
> Uns heiser jede Stunde singt."

Ebenso wie die Tugend, so ist auch das aus ihr entspringende Verdienst ein eingebildetes. Sich verdient machen heißt: Diejenigen unserer Eigenschaften zur Geltung bringen, deren Besitz im Interesse der Gesellschaft wünschenswerth ist. Also: Verdienste, Ehre können wir uns nicht erwerben; unsere Genüsse können uns nie befriedigen; unsere Wissenschaft dient nur dazu, daß uns unser Unglück recht klar wird;

mit unserer Arbeit verfolgen wir kein Ziel! Was ist aber unser Leben ohne Verdienste, ohne Ehre, ohne Genüsse, ohne befriedigendes Studium, ohne planmäßige Arbeit? Feuerbach sagt: „Wer einen Endzweck hat, hat ein Gesetz über sich; er leitet sich nicht selbst, er wird geleitet. Wer keinen Endzweck hat, hat keine Heimath, kein Heiligthum*); größtes Unglück ist Zwecklosigkeit." Der Materialist ist gleich einer Ameise, welche etwa mit menschlichen Augen ihren Ameisenhaufen betrachtet. Traurigen Blickes schaut sie der rastlosen Thätigkeit ihrer Collegen zu; sie möchte, aber sie kann ihren Eifer nicht mehr theilen. Es läßt sie auch der Ruhm kalt, eine der thätigsten Ameisen zu sein. Weiß sie doch, daß der Fußtritt eines darüber gehenden Thieres alle Arbeit vergeblich machen kann und daß Nothwendigkeit ein specieller Fall des Zufalls ist. Freudlos steht sie in der Freuden Fülle, ungesellig und allein.

Indem ich den unendlichen Raum durchforsche werde ich mir meiner Kleinheit bewußt, und wenn ich dem Stoff auf seinem Kreislauf folge, erkenne ich mich in meiner individuellen Nichtigkeit.

Keiner, der jemals gelebt, konnte seine Wünsche alle befriedigen. So erging es den Bevorzugtesten; der minder Bevorzugten und der vom Zufall stiefmütterlich Behandelten gar nicht zu gedenken. Der, welcher behauptet, vollständig zufrieden zu sein, ist ein armer Thor, welcher aller großen Leidenschaften und darum auch aller größeren Genüsse baar ist. Die Ueberzeugung, daß vollständige Befriedigung durch den Genuß nie herbeigeführt werden könne, hat jene Philosophie hervorgerufen, deren Grundsatz war: Wer keine Be-

---

*) Heilig ist das, wovon man annimmt, daß es jedem Menschen werth sei.

dürfniſſe kennt, der iſt glücklich. Wer keine Bedürfniſſe kennt, der kennt auch den Genuß nicht, und dieſer iſt doch das Einzige, was das Leben möglicherweiſe begehrenswerth machen könnte. Gewährt denn aber der wirkliche Genuß die Befriedigung, welche man ſich von ihm verſpricht? Die Erfahrung ſagt: Nein! Auf jeden Genuß folgt Abſpannung, im gewöhnlichen Leben Katzenjammer genannt. Nie wird die Begierde geſtillt:

„So tauml' ich von Begierde zum Genuß,
Und, im Genuß verſchmacht' ich vor Begierde!"

Man lehrt uns, die Mäßigkeit ermögliche wahren Genuß. Aber ſehen wir der Sache auf den Grund! Was verlangt die Mäßigkeit von uns, und was gewährt ſie uns dafür? Sie verlangt einen fortdauernden Kampf mit unſeren Leidenſchaften und das Entbehren vieler Genüſſe, die an unſerm Lebenswege ſtehen. Dafür gewährt ſie uns zeitweiſe den einen oder den anderen Genuß, welcher dann nur die Begierde ſteigert und den kaum beſtandenen Kampf mit den Leidenſchaften wieder zur Flamme anfacht. Sollten die Genüſſe wahre Genüſſe ſein, ſo dürften ſie nicht ermüden, ſondern ſie müßten uns in einem ewigen Taumel erhalten.

„Dem Taumel weih' ich mich, dem ſchmerzlichſten Genuß,
Verliebtem Haß, erquickendem Verdruß;
Mein Buſen, der vom Wiſſensdrang geheilt iſt,
Soll keinen Schmerzen künftig ſich verſchließen,
Und was der ganzen Menſchheit zugetheilt iſt,
Will' ich in meinem innern Selbſt genießen,
Mit meinem Geiſt das Höchſt' und Tiefſte greifen,
Ihr Wohl und Weh auf meinen Buſen häufen,
Und ſo mein eigen Selbſt zu ihrem Selbſt erweitern,
Und, wie ſie ſelbſt, am End' auch ich zerſchellen.

Außer dem Sinnengenuß iſt menſchliches Glück unmöglich. Die Sinnengenüſſe aber, mit Mäßigung oder ohne dieſelbe genossen, sind keine wahren Genüsse, folglich bietet das menschliche Leben Nichts, was es begehrenswerth machen könnte.

Der Mensch betet, wenn der fühllose Stoff seine Klagen nicht hört. Er fühlt sich erleichtert, wenn er seine Leiden seinem zweiten Ich, seinem personificirten Ideal (seinem Gott), klagen kann. Er beginnt in Verzweiflung über die Trostlosigkeit des menschlichen Daseins und endet —, nun der Nichtwissende, welcher noch ruhig fortzuträumen vermag, ohne aufzuschrecken, der endet in Seeligkeit; denn nur da, wo dem Gebete eine objective Macht zugeschrieben wird, nur da ist noch das Gebet eine religiöse Wahrheit. —

Von der Erbauung in der Natur, von welcher Unkundige so viel sprechen, weis der Materialist Nichts zu erzählen. Der Dichter besingt die wiedererwachende Natur, das frische Grün. Er kann es, denn er sieht die Gegenstände durch die Brille seiner Eitelkeit, durch welche ihm das Leben noch begehrenswerth erscheint. Anders der Materialist. Wer den Schlaf feiert, der kann das Wiedererwachen zu erhöhter Thätigkeit nicht loben. Die grüne Farbe, in welche sich die Erde kleidet zum Zeichen ihres Wiederauferstehens erinnert ihn an das Grauen, welches ihm der Anbruch jedes neuen Morgens verursacht. Feuerbach sagt: „Leiden ist das Gebot des Christenthums, die Geschichte des Christenthums eine Leidensgeschichte der Menschheit." Er hätte aber noch besser gesagt: Leiden sind das Erbtheil der Menschheit; die Geschichte der Menschheit ist eine fortlaufende Leidensgeschichte.

Das Kindesalter nennen wir zart; unschuldig, engelrein nennen wir die Virginität; poetisch das Jünglingsalter; kräftig, bewundernswürdig, reif das Mannesalter; ehrwürdig das Greisenalter. Diese Benennungen gelten aber nur von den Lebensaltern der Menschen; sie dürfen beileibe nicht auf die Hunde übertragen werden. Verschämtheit ist das Attribut der Jungfrau, Schönheit das des Jünglings, der Bart ist das Symbol der Manneskraft, das spärliche Haupthaar, respective die Glatze das Symbol der Ehrwürdigkeit. Vaterliebe, Mutterliebe, Geschlechtsliebe, Freundesliebe, Vaterlandsliebe werden heilig gesprochen, d. h., die Selbstsucht wird auf den Thron erhoben. Die versuchten Verwirklichungen unserer verfeinerten Selbstsucht, unserer Ideale, werden als Tugenden gepriesen. So ist das Glück der Liebe, die befriedigte Selbstsucht, schon oft besungen worden; aber fast eben so oft hat man auch die unbefriedigte Selbstsucht besungen, das Unglück statt des Glücks, die Verzweiflung statt der Hoffnung, das Laster statt der Tugenden.

„Das süßeste Glück für die trauernde Brust
Nach der schönen Liebe verschwundener Lust
Sind der Liebe Schmerzen und Klagen!"

Wir wollen nun einmal bewundern. Geht es nicht so, so muß es so gehen. In dem Augenblicke, in welchem wir verzweifeln, denken wir, daß unsere Verzweiflung einzig, poetisch sei, daß wir ob derselben bewundert werden könnten. Bewunderung erstreben ist eine Lächerlichkeit; wer sie dennoch erstrebt, zeigt eben dadurch, daß er ein Mensch ist. Wir gleichen jenem Unglücklichen, welcher den Verstand verlor und seine Kerkerwände für die Mauern eines Palastes ansah. Der Unglückliche, welcher sich dem Trunke ergiebt, um seinen Schmerz zu übertäuben, thut nur dasselbe, was wir Anderen thun, wenn wir die Thatsachen durch Euphemismen, durch Worte oder durch die noch unbestimmteren Töne und Farben verschleiern. Der Idealist berauscht sich. Lernen wir von dem Trunkenbold. Er lehrt uns, daß es nur zwei Wege zum Glücke giebt: Ein Leben im Rausche oder der Tod.

Aber wir haben nicht einmal die Wahl zwischen diesen beiden
Wegen, weil wir in dem ernsten Spiel des Lebens zu viele
Stunden der Ernüchterung haben. Es steht uns, wie wir
erkennen müssen, nur der letzte Weg offen: Der Tod in
Verzweiflung! Deshalb sollten wir nicht die Blausäure, sondern die Phantasie, die Poesie als das Schrecklichste ansehen.
In der Blausäure und den ihr ähnlich wirkenden Giften hat
der Mensch endlich den Stein der Weisen gefunden. So
könnten wir scheiden, ohne bedauert zu werden und ohne zu
bedauern. Wie oft habe ich schon Cäsars Ausspruch ge-
würdigt: Der schönste Tod ist der unerwartete. Aber, Aber!
Der Selbsterhaltungstrieb wohnt uns zu sehr inne, als daß
wir kalten Blutes Hand an unser Leben legen könnten. Immer zieht eine ungerechtfertigte Hoffnung den Giftbecher von
unserem Munde. Der Selbstmord aus Verzweiflung ist die
Negation des Angenehmen. Wäre Er dies nicht, so wäre
Er auch viel üblicher. Erinnerung an vergangene Genüsse,
unsere Eitelkeit, Besitz und noch vieles Andere ketten uns an
dieses Leben. Wir sind durch unsere Sinne zu sehr mit dem
Leben verwachsen; wir, die Sklaven unserer Sinne, können
unsere Ketten nur in einem Anfalle von Verzweiflung spren-
gen, wenn Alles uns erträglicher erscheint, als diese Skla-
verei. Wir, die Summe unserer Sinne, wollen uns von den
Sinnen emancipiren! Dies ist nur möglich, wenn wir mit
unseren Sinnen zu Grunde gehen, wenn wir sterben. Niemand kann treffender die harte Speise des Lebens kenn-
zeichnen als Göthe, wenn er sagt:

  „Ich fluche Allem, was die Seele
  Mit Lock- und Gaukelwerk umspannt
  Und sie in diese Trauerhöhle
  Mit Blend- und Schmeichelkräften bannt,

Verflucht voraus die hohe Meinung,
Womit der Geist sich selbst umfängt,
Verflucht das Blenden der Erscheinung,
Die sich an unsre Sinne drängt!
Verflucht, was uns in Träumen heuchelt,
Des Ruhms, der Namensdauer Trug!
Verflucht, was als Besitz uns schmeichelt,
Als Weib und Kind, als Knecht und Pflug!
Verflucht sei Mammon, wenn mit Schätzen
Er uns zu kühnen Thaten regt,
Wenn er zu müßigem Ergetzen
Die Polster uns zurechte legt!
Fluch sei dem Balsamsaft der Trauben,
Fluch jener höchsten Liebeshuld,
Fluch sei der Hoffnung, Fluch dem Glauben,
Und Fluch vor Allem der Geduld!

Gewöhnlich verurtheilt man den Langschläfer, und um das Verdammungsurtel über die prinzipielle Schlafsucht zu motiviren, pflegt man die bekannten schönen Gegengründe anzuführen. Durch die tägliche Ausdehnung des Schlafes um ein Paar Stunden, hat man richtig herausgerechnet, verliere der Mensch in zwölf Jahren ein ganzes Lebensjahr; oder „Morgenstunde hat Gold im Munde", und was des geistvollen Unsinns mehr ist. Der Langschläfer aber kehrt sich fast instinktmäßig nicht an dieses Anathema; er bedauert vielmehr, daß es eine Zeit giebt, in welcher man aufstehen muß, um einen Tag zu beginnen, an welchem ihm so wenig Erfreuliches begegnen wird, er aber nicht umhin kann, über die Trostlosigkeit seiner Lage nachzudenken, und an welchem er daher nicht aufhört, sich nach dem Bette zurückzusehnen.

„Nur mit Entsetzen wach' ich Morgens auf,
Ich möchte bittre Thränen weinen,
Den Tag zu sehn, der mir in seinem Lauf
Nicht einen Wunsch erfüllen wird, nicht einen!"

Auch in diesem Sinne ist es wahr: Die Nacht ist die schönere Hälfte des Lebens! Fürwahr! Das Leben gleicht

einem schweren Arbeitstage, an welchem sich der Arbeiter
selbst im sauersten Schweiße nur eine harte Brotrinde er-
wirbt. Von Genuß ist kaum die Rede. Der Schlaf aber
lehrt ihn vergessen, daß die Arbeit schwer war, der Lohn
nichtig. Es ist ein großes Unglück, daß wir Menschen uns
unseres Prinzips, d. h. der Selbstsucht, bewußt werden, ohne
es in seiner letzten Consequenz, in unseren Idealen befriedigen zu können. Tantalus durfte seine Selbstsucht nur in
den allergewöhnlichsten Fällen nicht befriedigen; er hungerte
nur nach den Früchten über ihm, ihn dürstete nur nach dem
Wasser unter ihm; wir Unglücklichen aber verschmachten in
dem Hunger und Durst nach den Idealen, welche uns fast
noch unentbehrlicher sind als Speise und Trank. Ich kann
mir das Leben in einer Hölle nicht besser vorstellen, als
wenn ich das menschliche Leben als Hölle ansehe. Es ist
wirklich zum Erstaunen, daß nicht mehr Menschen aus ihren
Leiden die richtige Consequenz ziehen und wir erstaunen noch
mehr, wenn wir bedenken, daß wir täglich im Kleinen unsere Leiden durch den Schlaf abschließen. Warum nun nicht
im Großen?

Das allabendliche Ausziehen ist gewiß sehr unangenehm. Ich habe wenigstens noch Niemanden gekannt, der
das Ausziehen leidenschaftlich gern betrieben hätte. Aber
der Lohn ist groß, wir schlafen; auch „Blausäure Nehmen"
mag wohl einigermaßen die Bequemlichkeit stören. Dafür
ist auch der Lohn unendlich groß. Wir schlafen ohne auf-
zuwachen. Die Schuld an jenem Verkennen der letzten Consequenz trägt größtentheils das Christenthum mit seiner Lei-
denstheorie, welche dem bescheidenen Dulder hohen Lohn
verheißt. Die passendste Anrede von Menschen unter einander wäre etwa: Leidensgefährte! Der aufmerksame Leser

wird zweifelsohne mit dem Verfasser in den begeisterten Ruf ausbrechen: Der Geist tödtet, aber der Buchstabe macht lebendig! Erleuchteter Bibelglaube ist ein Unsinn. Sowie man in der Politik den Buchstaben der Verträge aufrecht erhalten muß, wenn kein Krieg ausbrechen soll; sowie man im Staate den Buchstaben des Gesetzes zur Geltung bringen muß, wenn kein Umsturz erfolgen soll, so muß man in der Religion den Buchstaben oder Nichts glauben.

Carriere sagt: „Die Sehnsucht unserer Natur, der Drang nach der Erkenntniß so vieler Räthsel verlangt die Unsterblichkeit, und viele Schmerzen der Erde würden eine schreiende Dissonanz im Weltaccorde sein, wenn diese nicht dadurch ihre Auflösung in eine höhere Harmonie fände, daß jene für die Läuterung und Fortbildung der Persönlichkeit fruchtbar bleiben." Wenn wir nun auch als Materialisten die „Auflösung der Dissonanz im Weltaccorde in eine höhere Harmonie zum Zwecke der Läuterung und Fortbildung der Persönlichkeit" nicht acceptiren können, so wollen wir doch nicht so leichten Sinnes wie Herr Büchner über diese düstere Stelle hinweggehen und wir wollen zugeben, daß in der That die Nichtbefriedigung unseres angeborenen idealen Strebens eine schreiende Dissonanz ist und wir wollen nicht verkennen, daß die Erkenntniß der Trostlosigkeit unserer Lage sowie die Ueberzeugung, daß der Tod unser Dasein abschließt und die daraus für uns unmittelbar folgende Unverantwortlichkeit unsere bisherigen Lebensansichten wesentlich modificiren werden. Wenn wir den höchsten Grad unserer prinzipiellen Selbstsucht, unsere Ideale, nicht verwirklichen können, so müssen wir uns an einem niederen Grade genügen lassen. An diesem niederen Grade aber, der nackten Selbstsucht, halten wir dann um so zäher fest. Deshalb wird der Arme materielles Wohlbefinden verlangen, wenn er nicht mehr an den Himmel glaubt. Durch die Vernichtung der Ideale wird der Schwerpunkt des menschlichen Daseins aus dem Jenseits in das Diesseits verlegt. Einen Schwerpunkt aber müssen wir haben. Deshalb bestehen wir umsomehr auf materiellem Wohlsein. Wird der aufgeklärte Proletarier auch noch des Tages den Plackesel machen wollen, um Abends mit seiner halbverhungerten Familie an einer harten Brotrinde zu kauen? Oder um die Nacht auf einem Strohlager hinzubringen? Welche moralische Bedenken werden ihn abhalten, zu seinem Nachbar, dem Reichen, zu gehen, um mit ihm zu theilen? Mit welchen Blicken wird seine prinzipielle Selbstsucht die feinen Leckerbissen und den Comfort des reichen Nachbars betrachten? Hat er etwa keine Augen, um das abgezehrte Gesicht seines Weibes mit der lebensfrohen Miene ihrer glücklicheren Nachbarin zu vergleichen? Und nun der Reiche? Wird nicht seine Blasirtheit, nachdem er Materialist geworden, den Gipfel erreichen? Wird nicht auch er ausrufen:

„Ich grüße dich, du einzige Phiole,
Die ich mit Andacht jetzt herunterhole!
In dir verehr' ich Menschenwitz und Kunst!"

Im Gefühl der Trostlosigkeit unserer Lage scheint man jetzt mit dem „Schnellleben" den Anfang machen zu wollen. Natürlich erheben deshalb unsere Philister ein ganz erbärmliches Zetergeschrei. Sie fürchten, die Zahl der Plackesel könnte sich vermindern. Um dem „Uebel" des einreißenden Materialismus zu steuern, werden Gesellenvereine, Jünglingsvereine errichtet. Diese jämmerlichen Philister, welche man sehr treffend „Heuler" genannt hat, sind nicht zu hassen, sondern zu bedauern, weil sie sich mit Gewalt die Augen verschließen, um sich ihren Standpunkt nicht klar zu machen. Sie gleichen dem Strauß, welcher, um die drohenden Verfolger nicht zu sehen, den Kopf in den Sand steckt. Ist es doch bekannt, daß Niemand so blind ist wie der, welcher nicht sehen will. Gut denn! Nicht wir, sondern sie haben ihr trostloses Dasein zu tragen, nur sie haben für ihre absichtliche Blindheit zu büßen. Freilich sagt Moleschott, der Bewunderer des Stoffs, der Gattungstheoretiker: „Sanft nahet das Ende aus Altersschwäche!" Aber hat er denn ganz übersehen, daß die gewisse Aussicht auf jenes schmerzlose unbewußte Ende, die größte Demüthigung für den noch lebenden Mann ist? Es bedarf eben der Augen eines mit vorgefaßten Bewunderungsvorurtheilen angefüllten Gattungstheoretikers, um dieses „langsame bei lebendigem Leibe zur Ruine Werden", dieses „zum Nichts Zusammenschrumpfen" zu preisen. —

Feuerbach erklärt seinen Idealismus in der praktischen Philosophie dahin, daß er sagt: „Die Idee ist mir nur der Glaube an die geschichtliche Zukunft, an den endlichen Sieg der Wahrheit und Tugend." Um es nur gerade herauszusagen, ich meine, daß auch Feuerbachs Philosophie ein überwundener Standpunkt ist. Auch ein Feuerbach mußte bei Lösung der brennenden Frage scheitern, weil ihm die Kenntniß der neuesten Naturwissenschaft abging. Darum ist ihm die Idee der Glaube an die geschichtliche Zukunft, eine haltlose Hoffnung auf den endlichen Sieg der Wahrheit und Tugend. Die Wahrheit ist, wie wir gesehen haben, so schmerzlich und demüthigend für unsere liebebedürftige und so sehr anspruchsvolle Seele, daß es wohl kaum der Mühe lohnt, für sie zu streiten und zu hoffen. Die Tugend aber erscheint, wie wir ebenfalls gesehen haben, uns Materialisten in einem so ver=

änderten Lichte, daß ich zweifle, ob Feuerbach selbst den baldigen Sieg dieser auf Gegenseitigkeit basirten, von keinem Naturgesetz gestützten, von uns aus eigener Machtvollkommenheit aufgestellten, praktischen Tugend hoffen könnte. Ohne bedeutende stoffliche Veränderungen im Organismus des mittleren Menschen ist eine Ausbildung des Feuerbachschen Gattungsgefühls unmöglich und in dieser allein beruht das Heil der Philosophie Feuerbachs. Gewöhnlich kommt uns zuerst der Glaube, dann die Liebe (die überschwengliche Liebe der Idealisten), nun auch noch die Hoffnung abhanden.

„O glücklich, wer noch hoffen kann,
Aus einem Meer des Irrthums aufzutauchen!"

Sehr richtig sagt Feuerbach: „Bewußtsein ist Selbstbethätigung, Selbstbejahung, Selbstliebe"; wenn er aber sagt: „Bewußtsein ist Freude an der eigenen Vollkommenheit", so hätte er vielmehr sagen sollen: Bewußtsein ist Schmerz über die eigene Unvollkommenheit. Wenn er ferner sagt: „Sein ist ein Gut", so hätte er bedenken sollen, daß wir den Werth einer Sache nach deren Entbehrlichkeit oder Unentbehrlichkeit für uns messen. Doch gilt diese Regel für den Fall nicht, daß wir zwischen Sein und Nichtsein zu wählen haben. In diesem Falle dürfen wir fragen, ob dieses Leben der Mühe werth sei. Bei dieser Frage haben wir einen viel freieren Gesichtspunkt, weil wir dieses Leben entbehren können, weil wir auf dem Standpunkt der Klugheit stehen, d. h. nicht gezwungen sind, das Sein für ein Gut zu halten. Anders gestaltet sich der Gesichtspunkt bei der Beantwortung aller anderen Fragen, denn bei allen anderen Entscheidungen stehen wir auf dem Standpunkt der Lebensklugheit, haben wir uns bereits für das Sein entschieden..

Man begreift in der That nicht, wie es kommt, daß zahlreiche im Uebrigen klare Geschichtsschreiber von so vielen fixen Ideeen geplagt werden. Oder ist es etwa vernünftig, vom „Weltgericht in der Weltgeschichte", von dem „unaufhaltsamen Fortschritt", von der „geschichtlichen Zukunft", von dem „endlichen Sieg der Wahrheit und Tugend", von der „der Weltgeschichte zu Grunde liegenden Idee" und Anderem mehr zu faseln. In ihrem Freudentaumel über unsern jetzigen vermeintlich hohen Standpunkt übersehen sie ganz das belehrende Beispiel China's, welches von einer blühenden Culturstufe in den größten Pedantismus und Absolutismus verfiel. Und macht denn das Beispiel Spaniens auf diese Geschichtsschreiber keinen Eindruck, diese neue Auflage der chinesischen Geschichte, welche sich unter den Augen unserer letzten Voreltern vollzog?

Das Prinzip der Selbstsucht und das daraus entspringende Bedürfniß, zu träumen, haben bewirkt, daß fast alle unsere Bezeichnungen der Gegenstände Euphemismen sind. Wir wollen nun einmal von den Gegenständen Nichts wissen, welche uns erschrecken. Das griechische Volk, welches einen echt natürlich-menschlichen Charakter hatte, nannte das unwirthliche schwarze Meer den Pontus Euxinus, das den Fremden freundliche Meer; die Nacht, von welcher das Sprüchwort sagt, sie sei keines Menschen Freund, nannte es Εὐφροσύνη, die Wohlgesinnte. Das Lebendige schaudert vor dem Todten; deshalb bevölkerten unsere Väter die ganze Welt mit Göttern und Geistern.

„Da der Dichtung zauberische Hülle
Sich noch lieblich um die Wahrheit wand —,
Durch die Schöpfung floß da Lebensfülle
Und was nie empfinden wird, empfand."

> An der Liebe Busen sie zu drücken,
> Gab man höhern Adel der Natur;
> Alles wies den eingeweihten Blicken,
> Alles eines Gottes Spur. —
> Werther war von eines Gottes Güte,
> Theurer jede Gabe der Natur.
> Unter Iris schönem Bogen blühte
> Reizender die perlenvolle Flur.
> Prangender erschien die Morgenröthe
> In Hesperus rosigem Gewand,
> Schmelzender erklang die Flöte
> In des Hirtengottes Hand."

Kein Einsichtsvoller kann leugnen, daß das kindliche Alter der Welt, die Zeit der Religionen ein glücklicheres, das goldene Zeitalter, war. (Unsere Zeit ist eine Zeit der Heuchelei. Als die Dogmen dictirt wurden, da begann die Heuchelei.) Was machte denn aber eigentlich den damaligen glücklichen Zustand aus?

1) Die Welt hatte keine Nahrungssorgen.

> „Erst regierte Saturnus schlicht und gerecht,
> Da war es heute wie morgen,
> Da lebten die Hirten, ein harmlos Geschlecht
> Und brauchten für gar nichts zu sorgen;
> Sie liebten und thaten weiter nichts mehr,
> Die Erde gab Alles freiwillig her."

Wenn wir uns diesen Zustand wiederverschaffen wollten, so bliebe Nichts übrig, als die Fruchttödtung wieder einzuführen, um die Ueberzähligen zu entfernen. Bei den Griechen und Römern war es ein unbestrittenes Recht der Eltern, das neugeborne Kind zu tödten. Noch heute ist in China und Ostindien die Fruchttödtung eine sehr gewöhnliche Sitte.

2) Sie hatten Vorurtheile und deshalb hofften sie. Die Welt ist einförmig und hoffnungslos genug, so daß man sie nicht durch Gleichmacherei noch einförmiger und langweiliger zu machen braucht. Ständische Gliederung empfiehlt sich

vor Allem. Kastenwesen, Kleinstädterei, sie sind mächtige
Hebel zur Nährung der Vorurtheile. Durch die Sonderung
wird Unkenntniß hervorgerufen und so erscheinen uns die
fremden Verhältnisse neu, interessant, poetisch. Das Gift,
welches alle Poesie ertödtet, sind, wie wir schon gesehen haben, die Eisenbahnen und Telegraphen, welche die sogenannte
Verbrüderung der Völker herbeiführen. Früher konnte doch
Einer, der eine Reise that, etwas erzählen; jetzt reis't man
in wenigen Tagen durch ganz Europa. Und wenn erst die
vielbesprochene Eisenbahn nach Ostindien fertig sein wird,
so werden die einst so gefahrvollen und darum interessanten
Reisen um's Cap der guten Hoffnung in kurze Vergnügungs-
fahrten etwa zur Zeit der Weihnachtsfeiertage umgewandelt
werden. So erkennen wir denn, daß der Liberalismus, der
geschworene Feind der ständischen Gliederung, durchaus nicht
geeignet ist, einen besseren Zustand herbeizuführen. Die
Frommen sind Reactionäre in der Politik; die freisinnigen
Zweckmäßigkeitstheoretiker gehören der Partei des gemäßig-
ten Liberalismus an; die Gattungstheoretiker endlich sind
Demokraten; der Materialist ist indifferent. Liberalismus
und Atheismus gehen Hand in Hand. Dies ist eine Wahrheit, gegen welche sich unsere Liberalen vergebens sträuben
Sie sind verbunden zur Unterdrückung der Vorurtheile, zur
Ertödtung des letzten Restes von Poesie, der Liberalismus
auf dem Felde der Politik, der Atheismus auf dem Gebiete
der Religion. Ich will damit nicht sagen, daß unsere jetzigen
Zustände beibehalten werden sollen, sondern vielmehr, daß
die Welt zu patriarchalischen Zuständen zurückkehre, und daß
sie, was selbstverständlich ist, das Nomadenleben wieder an-
fange, das goldene Zeitalter wieder herstelle, wenn sie glück-

lich sein will. Das müßte sie thun; ob sie es thun könne, ist eine andere Frage. Der Rath des Mephistopheles:

„Begieb Dich gleich hinaus auf's Feld,
Fang' an zu hacken und zu graben,
Erhalte Dich und Deinen Sinn
In einem ganz beschränkten Kreise,
Ernähre Dich mit ungemischter Speise,
Leb' mit dem Vieh als Vieh und acht' es nicht für Raub,
Den Acker, den Du erntest, selbst zu düngen —,"

dieser Rath paßt nur für den, der ihn nicht braucht. Wer schon auf dem Felde ist, dem braucht man nicht auf's Feld zu schicken, und wer nicht genöthigt ist, den Spaten in die Hand zu nehmen, der antwortet wie Faust: das enge Leben steht mir gar nicht an.

Wenn man den Menschen sich selbst überläßt, so erkennt er nur die sinnliche Wahrnehmung als Erkenntnißquelle des Menschen an. Um ihm daher das Verständniß der übersinnlichen Dinge zu ermöglichen, ist es Aufgabe der Religion, die Erlödtung der Sinnlichkeit, die Kreuzigung des Fleisches zu bewirken sammt den Lüsten und Begierden. Das vorzüglichste Mittel zu diesem Zwecke ist das Fasten. Denn da wir gesehen haben, daß der Mensch ist, was er ißt, da er Nichts wird, wenn er Nichts ißt, so ist er wenig, wenn er wenig ißt. Der Leidende wird stumpf gegen den Sinnenreiz, deßhalb stempelt die Religion das Ertragen der Leiden, auch der selbstgeschaffenen, zum Verdienste; ja sie räth sogar, sich zu casteien, das Auge, das Dich ärgert, auszureißen ic. Nur wer für das Zeitliche ungeschickt geworden, ist geschickt für das Ewige. Anstrengung, welche unsere ganze Kraft in Anspruch nimmt, läßt uns keine Zeit zu müßiger Naturbetrachtung. Der Reiche hat zuviel Muße zum Beobachten, zum objektiven Combiniren. Deßhalb ist es leichter, daß ein Kameel durch ein Nadelöhr gehe, denn daß ein Reicher in das Reich Gottes komme. Deshalb räth Chriſtus dem Nicodemus: Geh' hin, verkaufe, was Du haſt, gieb es den Armen, und dann komm' und folge mir nach. Nicodemus aber ward traurig, daß Chriſtus Solches forderte; das Geſetz in ſeinem Fleiſche ſtritt gegen das Geſetz in ſeinem Gemüthe, d. h. die Forderungen ſeiner gröberen Selbſtſucht ſtritten gegen ſeine Ideale, ſeine verfeinerte Selbſtſucht. Auch er befand ſich in jenem Conflicte, welcher aus dem Widerſpruche im Weſen des Menſchen reſultirt, und welchen das Leben nicht auszugleichen vermag. Denn das Leben iſt eine Krankheit, der Materialismus eine wohlthätige Kriſis, die Geneſung der Tod, das Nichts die Geſundheit. Wir ſahen, daß bei den ſogenannten höheren Thieren die Beweglichkeit des Stoffes, die Unregelmäßigkeit der Funktionen größer war, wir nannten ſie Bewußtſein, individuelle Freiheit, freien Entſchluß innerhalb unveränderlicher Schranken. Hier haben wir von Neuem den Widerſpruch im Weſen des Menſchen. Das Bewußtſein läßt ſich an der beſchränkten Freiheit nicht genügen. Es iſt mit dem Einzelnen gerade ſo wie mit ganzen Völkern; wenn ſie zum Bewußtſein gelangen, verlangen ſie unbeſchränkte Freiheit. Darum mögen ſich die volksbeglückenden, in ihrem Redensartennebel ſich wohlfühlenwollenden Conſtitutionellen wohl vorſehen; ſie befinden ſich wie alle Neuerer auf einer abſchüſſigen Bahn, auf welcher kein Halten iſt. Jedes Weſen iſt ſich nur dann ſelſt genug, wenn es ſeine Lage nicht beurtheilen kann. Kinder ſind ſich ſelbſt genug, darum war das Kindesalter der Menſchheit das goldene Zeitalter. Das erſt in der Bildung begriffene Gehirn erlaubt dem Kinde nicht, ſeinen Zuſtand zu kritiſiren, ſich ſeinen Standpunkt klar zu machen. Das Kind nimmt heiteren Sinnes die Freuden hin, ohne sich den Genuß durch die Erinnerung an vergangene Leiden zu vergällen, welche letztere es schnell vergißt. Das Kind (die Knospe), nicht der erwachsene Mann (die Blüthe), ist das harmonische Ganze. Dies klingt paradox, ist aber vollkommen richtig. Doch halt! Ich habe eine Classe von Menschen außer Betracht gelassen, welche sich durch die höchste Harmonie, das vollkommenste Ebenmaß auszeichnet, die fetten Leute. Ihr Organismus ist durch eine ungemeine Fettbildung, den höchsten Grad animalischen Lebens, in Anspruch genommen. Deshalb führen sie ein den Thieren ähnliches Leben, sie vegetiren nur noch. Ein beneidenswerthes Dasein. Was Wunder, daß der Herr seine getreuesten Knechte mit diesem auserlesenen Glücke gesegnet hat.

VII.

Gegen die Gattungstheorie.

Schon in der vorchristlichen Zeit spielte die Gattungstheorie bei den Philosophen des Alterthums eine große Rolle. Das Christenthum mit seiner rein subjectiven Anschauungsweise machte, da es sich über die ganze Welt ausbreitete jeder objectiven Untersuchung und somit auch der Gattungstheorie ein Ende. Die Wissenschaft fristete in den Klöstern ein kümmerliches Dasein, man wollte sie mit Gewalt subjectiviren. Aber mit ihrem ersten Heraustreten aus den engen Klostermauern, mit der Wiederbelebung des Studiums der griechischen Klassiker durch die vertriebenen Byzantiner gewann die objective Weltanschauung wieder an Boden. Bald wurde sie mächtig genug, die Reformation zu veranlassen, und jetzt ist sie eben dabei, als Materialismus eine abermalige Umwälzung in der allgemeinen Weltanschauung hervorzurufen. Die Gattungstheorie ist ein Nothschrei der Verzweiflung darüber, daß der Mensch sich seiner individuellen Beschränktheit und Nichtigkeit bewußt geworden, ein letzter Versuch, zur Einheit und Vollendung unseres Wesens und Daseins zu gelangen. Deshalb unterscheidet die Gattungstheorie zunächst zwischen dem menschlichen Individuum und der menschlichen Gattung. Dann versucht sie nachzuweisen, daß die Schranken des Individuums nicht Schranken der

Gattung seien. Ferner drückt sie einerseits den Werth des Thieres so viel als möglich herab, und legt andererseits dem Menschen Werth bei. Weiter sucht sie die Begriffe des Guten und Schönen aus der Natur herzuleiten. Schließlich schmäht sie die nackten Materialisten nicht minder als ihre Verwandten, die Philosophen und Theologen. Ich könnte mich nun freilich einfach mit der Erklärung Feuerbachs begnügen, dieses Hauptmanns der Gattungstheoretiker; diese überhebt mich eigentlich der Mühe der Widerlegung der Gattungstheorie. Diese Erklärung lautet: „Der Ausdruck Menschheit, Gattung führt allerdings manche unangenehme Vorstellungen mit sich, aber sie verdienen keine Berücksichtigung, da sie nur auf einer sehr oberflächlichen Ansicht von dem so geheimnißvollen, unbegriffenen Wesen der Gattung beruhen." Hätte Feuerbach sich auch nur ein Wenig mit Statistik der Physiologie beschäftigt, so würde ihm der mittlere Mensch, welcher durch Zahlen festgestellt ist, durchaus nicht so geheimnißvoll, so unbegriffen erscheinen. Man sieht, daß Feuerbach seine Unkenntniß dadurch zu verdecken sucht, daß er diejenigen, welche in der Statistik der Physiologie bewanderter sind, oberflächliche Menschen nennt. Mit Recht nennt man die Gattungstheorie einen Stoffglauben. So hat denn Herr Böhner, dessen Schrift „Naturforschung und Kulturleben" sehr wohlthätig auf mein Zwergfell gewirkt hat, auch einmal Recht, wenn er gegen die Stoffgläubigen zu Felde zieht, wenn er sich wundert über die Dreistigkeit der Gattungstheoretiker, mit welcher sie die Gottesidee ein Phantom nennen. Hier heißt es: Friß Vogel oder stirb, d. h. glaube oder verzweifle. Moleschott sagt: „Die Halbheit der Vermittlung führt den Unaufrichtigen zur Lüge, den Aufrichtigen zur vollendeten Unklarheit." Er hat sich mit diesen Worten selbst das Urtheil gesprochen. Im weiteren Verlaufe dieses Capitels werde ich mich meistens darauf beschränken, den ganzen Unsinn der Gattungstheorie dem Leser vorzuführen. Die Widerlegung ist sehr einfach und eigentlich schon in den voranstehenden Capiteln gegeben. Moleschott sagt: „Im Unnatürlichen liegt die Sünde, nicht in dem Willen, Böses zu thun." Abgesehen davon, daß es in der Natur nicht Unnatürliches giebt, daß sogar die Sünde, wenn deren Existenz nun einmal mit Gewalt proclamirt wird, natürlich genannt werden muß; abgesehen davon, sage ich, kann Moleschott mit seinem Satze Nichts Anderes meinen als: „Sünde ist jede menschliche Thätigkeit, welche der menschlichen Gesundheit schadet." Kann man aber nicht eben so gut sagen: „Sünde ist jede Thätigkeit des Hundes, welche der Gesundheit des Hundes schadet?" Wenn der Hund eine Gesundheit hat, welche er schädigen kann, so muß er auch sündigen können. Frei ist nach Moleschotts Ansicht Derjenige, welcher sich der Naturnothwendigkeit seines Daseins, seiner Verhältnisse, seiner Bedürfnisse, Ansprüche, Forderungen, der Schranken und Tragweite seines Wirkungskreises mit Freude bewußt ist. Feuerbach sagt: „Gott ist das reine, das unbeschränkte, das freie Gefühl." Welcher Unsinn! Welches Gefühl ist rein, welches unrein? Alle sind sie stoffliche Bewegungen. Wie läßt sich ein Unterschied in ihrem Werthe feststellen? Freilich wird Feuerbachs System ein ununterbrochenes Leck, wenn man ihm nicht erlaubt, die Worte: Frei, unbeschränkt, gut, schön, rein, edel u. s. w. auf jeder Seite zu brauchen. Er sagt an einer anderen Stelle: „Wohl kann und soll (O Zweckmäßigkeitstheorie) selbst das menschliche Individuum — hierin besteht sein Unterschied von dem thierischen — sich als beschränkt fühlen und erkennen; aber es kann sich seiner Schranken, seiner Endlichkeit nur bewußt werden, weil ihm die Vollkommenheit, die Unendlichkeit der Gattung Gegenstand ist, sei es nun als Gegenstand des Gefühls oder des denkenden Bewußtseins." Woher nimmt Feuerbach die Vollkommenheit, die Unendlichkeit der Gattung, welche sich doch der Abrede gemäß auf Materialien gründen soll. Zu solchen Widersprüchen kommen die Idealisten in der praktischen Philosophie. Er sagt: „Das von den Schranken des Individuums freie unbeschränkte Wesen ist nichts Anderes als die Gattung, welche sich in unbeschränkt vielen und verschiedenartigen Individuen offenbart." Mit demselben Rechte, mit welchem hier Feuerbach die Unendlichkeit der menschlichen Gattung decretirt, könnte man die Unendlichkeit der Hundegattung beweisen, von welcher man doch eben so gut wie von der menschlichen Gattung sagen kann, daß sie sich in unbeschränkt vielen und verschiedenartigen Individuen verwirklicht. Er fährt fort: „Macht es gleichwohl seine Schranken zu Schranken der Gattung, so beruht dies auf der Täuschung, daß es sich mit der Gattung unmittelbar identificirt." Der mittlere Mensch ist, wie wir oben gesehen haben, ein Mittelwerth, d. h., ein niedrigerer Werth als der höchste Werth, d. h.: Die Schranken des mittleren Menschen sind, wenn möglich, noch enger als die Schranken eines Talents und eben der mittlere Mensch repräsentirt die Gattung. Wahr ist es allerdings, daß der Mensch über sein wahres Wesen nicht hinaus kann, daß, mag er auch vermittelst der Phantasie Individuen anderer angeblich höherer Art sich vorstellen, er doch von seiner Gattung, seinem Wesen nimmermehr abstrahiren kann. Auch ist es richtig, daß die Wesensbestimmungen, die letzten Prädicate, welche er diesen anderen Individuen giebt, immer aus seinem eigenen Wesen geschöpfte Bestimmungen sind. Jedoch in dem wesentlichsten Punkte ist ihr Wesen von dem unsrigen, von dem des mittleren Menschen, verschieden: Wir unterliegen dem Prinzip der Selbstsucht; jene idealen Wesen hingegen denken wir uns der höchsten Selbstverleugnung fähig. Feuerbach sagt: „Mein Wissen, mein Wille ist beschränkt; aber meine Schranke ist nicht die Schranke des Anderen, geschweige der Menschheit; was mir schwer ist, ist dem Anderen leicht; was einer Zeit unmöglich, unbegreiflich, ist der kommenden begreiflich und möglich. Mein Leben ist an eine bestimmte Zeit gebunden, das Leben der Menschheit nicht. Die Geschichte der Menschheit besteht in Nichts Anderem als in einer fortlaufenden Ueberwindung von Schranken, die zu einer bestimmten Zeit für Schranken der Menschheit und darum für absolute unübersteigliche Schranken galten. Die Zukunft enthüllt aber immer, daß die angeblichen Schranken der Gattung nur Schranken der Individuen waren." Dazu ist zu bemerken: Das menschliche Wissen ist beschränkt durch die Mangelhaftigkeit der menschlichen Wahrnehmungsorgane. Hat nicht die Monade noch Organe, welche doch gewiß eine den Organen größerer Thiere ähnliche Structur haben und deshalb ebenfalls aus vielen und verschiedenen Theilen bestehen müssen; und doch können wir das ganze Thier selbst mit den stärksten Mikroskopen kaum entdecken. Wer hat jemals durch ein leidlich gutes astronomisches Fernrohr geblickt, ohne sich der Beschränktheit unserer Wahrnehmungsorgane bewußt zu werden, und unsere Meßinstrumente, wie mangelhaft sind sie? Ist es jemals einem Mechaniker gelungen, mit der doch gewiß sinnreich construirten Reichenbachschen Theilmaschine ein vollkommen brauchbares Meßinstrument herzustellen? Müssen wir nicht vielmehr die sorgfältigsten, mit dem besten

Meßinstrument gemachten Beobachtungen noch durch die Ausgleichungsrechnung zu berichtigen suchen und sind nicht diese durch die Methode der kleinsten Quadrate gefundenen Beobachtungen noch unendlich weit entfernt, richtig zu sein? Wer wird uns jemals Logarithmentafeln für unendlich viele Decimalstellen berechnen? Ja, ist nicht die ganze Mathematik und vorzugsweise die Infinitesimalrechnung ein fortlaufender Beweis dafür, daß es unübersteigliche Schranken giebt? Wir können nur das wissen, was sich einigermaßen in Begriffe fassen läßt, und weil das Unendliche entweder viel zu groß ist, als daß wir es umfassen, oder viel zu klein ist, als daß wir es erfassen könnten, weil wir es nicht fassen können, darum ist das Unendliche die Schranke unseres Wissens. Könnte ein Mensch Alles wissen, wären ihm die Existenz und die Eigenschaften aller Dinge bekannt, so würde er Alles begriffen haben, er würde absolute Begriffe haben. Die Summe und die Eigenschaften aller Dinge würden ihm vorschweben, ohne, daß er jemals im Stande wäre, Mittel zu finden, um seine Klarheit Anderen zu veranschaulichen. Wollte er dies thun, so müßte er sie plötzlich die ganze Wahrheit sehen lassen. Die reichste Sprache in unendlichster Potenz würde nicht das leisten, was ein solcher Blick thun könnte. Man kann die Wahrheit mit Worten immer nur in kleinen Brocken von sich geben, in diesem Falle aber nicht in absoluten, sondern in individuellen Begriffen, d. h. eigentlich so gut wie ohne Begriffe.

Es ist wahr, daß wir das Fernrohr, das Mikroskop früher nicht kannten, daß ihre Erfindung in der Geschichte der Menschheit Epoche machte, weil sie die Werkzeuge zur sinnlichen Wahrnehmung bedeutend verschärft hat, und in sofern eine Schranke der Menschheit beseitigt hat; aber wohlgemerkt:

eine scheinbare Schranke, keine wirkliche Schranke. Die Erfindungen des Fernrohres und Mikroskops haben uns nur mit einem uns damals noch unbekannten Theile unseres Käfigs bekannt gemacht; sie haben es dahin gebracht, daß wir jetzt das eigentliche Gitter, welches den Schwung der Flügel unseres Geistes hemmt, ziemlich deutlich zu erkennen vermögen. Weiter oben ist bereits bewiesen worden, daß weder das menschliche Individuum noch der mittlere Mensch Freiheit besitzen. Feuerbach sagte, das Leben der Menschheit sei nicht an eine bestimmte Zeit gebunden. Wäre dies wahr, dann müßte das Menschengeschlecht mindestens so alt sein wie die Erde selbst, d. h., Hunderte von Millionen Jahren alt und es müßte Bürgschaften für eine immerwährende Existenz haben. Dem ist aber nicht so. Wir wissen vielmehr, daß das organische, beziehungsweise animalische Leben einen Anfang genommen hat, weil die tieferen, älteren Schichten noch keine Spuren von versteinerten Organismen zeigen und weil diese sich in den oberen, jüngeren Formationen allerdings vorfinden. Die unvollkommneren Organismen gehören den älteren, die vollkommneren (Wirbelthiere) den jüngeren Formationen an. Nirgends aber finden wir versteinerte Menschen. (Doch fand man in den Höhlen von Chauvaux in Belgien diluviale Ueberreste von Menschen, welche sich dem Affentypus sehr näherten.) Das beweist, daß der Mensch ein spätgebornes Wirbelthier ist, und daß er demnach einen Anfang genommen hat. Wir wissen auch, daß Nothwendigkeit nur ein specieller Fall des Zufalls ist, daß demnach das, was jetzt nothwendig ist (die Gesetze, auf welchen unser Leben beruht), nicht immer nothwendig sein muß.

Nachdem nun Feuerbach die ungeheure, ungerechtfertigte Hypothese gemacht hat, nämlich, daß die Gattung unbeschränkt sei, will er consequent verfahren. Was er weiter sagt: „Gott ist die Anschauung von der unmittelbaren Einheit der Gattung und Individualität; Gott ist der Begriff der Gattung als eines Individuums; diese und ähnliche Phrasen entziehen sich gänzlich aller Kritik.

Moleschott bedient sich in seinem „Kreislauf des Lebens", gelinde gesagt, vieler unrichtiger Ausdrücke. Der wissenschaftliche Theil dieses Buches ist sehr vorurtheilsfrei geschrieben; aber der Versuch, die Gattungstheorie zu begründen, fällt sehr kläglich aus und läßt den Leser bedauern, daß Moleschott nicht jedes philosophische Raisonnement aus seinem Buche verbannt hat. Er sagt, in unserer Zeit reibe die Natur die Einzelwesen auf, um die Gattung zu heben. Diese Ausdrucksweise steht in vollem Einklange mit dem Bedürfniß der Gattung, von welchem er spricht: Die Natur bringt die Individuen einzeln hervor und nicht, um sie zu einer Gattung zu verbinden. Hat nicht Moleschott selbst die Zweckmäßigkeitstheorie bekämpft? Daher darf man wohl sagen, daß das Bedürfniß des Einzelnen in der Natur begründet ist; die Gattung aber steht ihr gegenüber nicht als Ganzes, sondern als ein aus vielen selbstständigen Theilen Zusammengesetztes.

Feuerbach sagt: „Die Heiden verfielen in das andere Extrem, in die Gemeinheit, welche den Unterschied, zwischen Thier und Mensch aufhebt oder gar, wie z. B. Celsus, der Gegner des Christenthums, den Menschen unter die Thiere degradirt." Moleschott sagt: „Der Mensch steht über dem Thiere, weil er das Instinctgesetz erkennt." Was heißt „über dem Thiere Stehen?" Warum soll das Thier weniger Werth haben, etwa weil seine Gehirnfunktion ein richtigerer Instinct ist und in einem richtigeren Verhältniß zu seinen übrigen

Eigenschaften steht, unähnlich der Gehirnfunktion des Menschen, dessen Sinnenreiz, wie Liebig ganz richtig bemerkt, unverhältnißmäßig entwickelt ist und der durch einen verkehrten Willen irre geführt wird? Feuerbach wirft den Thieren ihren Mangel an Wissenschaft vor und leitet aus diesem unbegründeten Vorwurfe den Schluß ab, daß die Thiere kein Bewußtsein im strengen Sinne hätten. Es ist wohl die Frage, ob in uns Menschen unser Bewußtsein sich durch Wissenschaft äußern würde, wenn wir so mangelhafte Ausdrucksorgane hätten wie die Thiere. Wenn aber unsere Ausdrucksorgane brauchbarer sind als die der Thiere, müssen deshalb auch unsere Wahrnehmungsorgane und das auf die Sinneswahrnehmung sich gründende Urtheil brauchbarer sein? Ohne Wissenschaft bringt es der Mensch auch nicht weiter als das Thier. Feuerbach sagt ferner: „Sprachfähigkeit ist ein poetisches Talent, die Thiere sprechen nicht, weil es ihnen an Poesie fehlt." Das soll nämlich heißen: Sprachfähigkeit ist ein Product der angeborenen poetischen Anlage. Hat Feuerbach bewiesen, daß der Mensch eine angeborene poetische Anlage besitze? Und kann man nicht füglich seinen Satz, wahrlich nicht zum Schaden seiner Richtigkeit umdrehen und sagen: Poesie ist ein Product der angeborenen Sprachfähigkeit; es fehlt dem Thiere an Poesie, weil es nicht spricht.

Wir glauben an eine Vorsehung, weil wir uns für würdig halten, daß um unsertwillen die Naturgesetze umgestoßen werden. Wer sich demnach Werth beilegt, bedarf einer Vorsehung oder umgekehrt: Wer an eine Vorsehung glaubt, der legt sich Werth bei. Man sollte nun meinen, daß Diejenigen, welche nicht an eine Vorsehung glauben, sich auch keinen Werth beilegten. Wir sehen jedoch mit Verwun-

beruht, daß Leute, welche sich Materialisten nennen, d. h., die Kraft für eine Eigenschaft des Stoffes erklären und deshalb die Lehre von einer Vorsehung entschieden verdammen müssen, dennoch sich Werth beilegen. Diese merkwürdigen Leute sind ebenfalls unsere Gattungstheoretiker. Feuerbach versteht unter Gott das menschliche Ideal eines Menschen. Daß wir Menschen Ideale mit uns herumtragen, das, sahen wir, ist unser Unglück. Dieses unser Unglück nennt er den Maßstab unseres Werthes. Denn er sagt: „Das Bewußtsein Gottes ist das Selbstbewußtsein des Menschen, die Erkenntniß Gottes die Selbsterkenntniß des Menschen; an seinem Gotte erkennst Du den Menschen und aus dem Menschen seinen Gott." „Gott zu wissen und nicht selbst Gott zu sein; Seligkeit zu kennen und nicht zu genießen ist ein Zwiespalt, ein Unglück." Tragen wir seine obige Erklärung, daß Gott das menschliche Ideal eines Menschen sei, in seinen Satz, so lautet dieser: Ideale zu haben und sie nicht verwirklichen können ist ein Zwiespalt, ein Unglück. Das heißt: Feuerbach sieht sich gezwungen, die Trostlosigkeit unserer Lage anzuerkennen. Wie stimmt diese tiefe Demüthigung zu dem stolzen Werthbewußtsein des Gattungstheoretikers? Der Christ glaubt an eine wunderbare unmittelbare Vorsehung für das Individuum, der Gattungstheoretiker an eine natürliche, mittelbare Vorsehung für die Gattung und somit auch für den Einzelnen.

Moleschott sagt: „Gut ist, was auf einer gegebenen Stufe der Entwickelung den Bedürfnissen der Menschheit, den Forderungen der Gattung entspricht. Es wohnt der menschlichen Gattung als Naturnothwendigkeit ein, daß sie als böse verwirft, was den Forderungen der Gattung zuwiderläuft."
Nach seinem eigenen Urtheile ist Moleschott hier entweder

unaufrichtig oder unklar. Ich will annehmen, daß Moleschott seine philosophischen Expectorationen sich nicht gehörig überlegt hat; in diesem Falle aber kann er sie getrost zurücknehmen. Ein derartiger Widerruf thut der Sache des Materialismus keinen Schaden. Das ist es gerade, was uns Materialisten von den Wortkramern unterscheidet, daß wir übereilte Behauptungen zurücknehmen können, ohne deshalb der Sache des Materialismus etwas zu vergeben; denn wir können uns wohl in der Form, aber nimmermehr in der Sache selbst versehen. Anders Diejenigen, welchen die Form Alles ist. Der Materialismus ist eben nur ein Conglomerat von Thatsachen, in welchen der Mensch vergebens seine ihm angeborenen Zweckmäßigkeitsvorstellungen wieder zu finden hofft; er ist kein System, er kann und will kein System sein. So wie wir bei aller Zufälligkeit des Daseins dennoch Ordnung in der Welt vorfanden, so findet sich in dem conglomeratartigen Materialismus dennoch Zusammenhang. Systeme sind angespannte Ketten, welche zur Erde fallen, wenn man ihnen ein Glied ausreißt. Dessenungeachtet aber dürfen wir die Form nicht ganz vernachlässigen. Die Thatsachen reden freilich laut genug, aber unsere Gegner klammern sich, wie der Ertrinkende an einen Strohhalm, so mit Vorliebe an Worte, an fehlerhafte Ausdrücke. Sowie jede Sprache das Volk charakterisirt, welchem sie angehört, so charakterisiren die jetzt lebenden Sprachen die jetzt lebende Menschheit. Die Menschheit steckt voll von Vorurtheilen, die Sprache voll von fehlerhaften Ausdrücken. Wenn sich der Materialist noch der Worte: Schöpfung, leitende Grundidee, bewundernswürdig, vollkommen u. s. w. bedient, so thut er dies aus Gewohnheit; er kann sie recht wohl entbehren. Wer sich einen Materialisten nennt, gestehe nur seinen Bankerut ein, nicht seinen wissenschaftlichen, sondern seinen philosophischen Bankerut.

Zum Belege des oben Gesagten führe ich einige Styl-übungen von Moleschott an: „Denn das ist die erhabene Schöpfung, von der wir täglich Zeugen sind, die Nichts veralten, Nichts vermodern läßt, daß Luft und Pflanzen, Thiere und Menschen sich überall die Hände reichen, sich immerwährend reinigen, verjüngen, beredeln, daß jedes Einzelwesen nur der Gattung zum Opfer fällt, daß der Tod selbst nichts ist als die Unsterblichkeit des Kreislaufs. Es ist Tod in dem Leben und Leben im Tode. Dieser Tod ist kein schwarzer, schreckender; denn in der Luft und im Moder schweben und ruhen die ewig schwellenden Keime der Blüthe." Wer an dieser wissenschaftlichen Poesie Geschmack findet, der lese den zwanzigsten Brief in Moleschott's Kreislauf, welcher überschrieben ist: „Für's Leben." Unbegreiflich ist jedoch, woher die Gattungstheoretiker die sittliche Entrüstung über die praktische Consequenz der nackten Materialisten nehmen. Wenn Moleschott sagt: „Ich habe kein Hehl es auszusprechen. Die Angel, um welche die heutige Weltweisheit sich dreht, ist die Lehre vom Stoffwechsel", so hätte er vielmehr sagen sollen: Die Lehre vom Stoffwechsel ist die Angel, um welches sich unser heutiges Wissen dreht. Die letzte Consequenz dieser Lehre ist nicht die Weltweisheit, sondern, wie wir schon oben sehen, deren Negation, die Negation der Individualität, der Selbstmord. Dann sagt Moleschott: „Wer vor der letzten Consequenz erschrickt, soll nicht forschen, er soll glauben." Welche thörichte Zumuthung! Als ob der, welcher vor der letzten Folgerung erschrickt, sie nicht schon gezogen hätte, als ob der nicht schon zu den Wissenden gehörte. Wie kann der glauben? Der Glaube gedeiht nur in der Unwissenheit. „Und", sagt Moleschott weiter, „fühlt sich Jemand vom Glauben nicht befriedigt, so forsche er getrost, er wird den Muth des Wissens finden." Nun, wir haben gesehen, wohin jener Wissensmuth uns geführt hat.

Durch seine Gattungstheorie hat sich Moleschott in die gegenseitige Bewunderungsanstalt eingekauft. Er documentirt seinen Eintritt durch folgende Worte: „Will man die herculische That, an welcher in unserer Zeit ein großer Theil der Menschen, ja unbewußt vielleicht die ganze Menschheit arbeitet, an Einen Namen knüpfen, dann hat Ludwig Feuerbach diese That vollbracht. Menschenkunde, Anthropologie hat Feuerbach zum Banner gemacht. Die Fahne wird siegreich durch die Erforschung des Stoffs und stofflicher Bewegung."

In anerkennender Weise erwähnt Feuerbach einen Satz des Kirchenvaters Augustin, in welchem es heißt: „Gott ist uns näher, verwandter und daher auch leichter erkennbar als die sinnlichen, körperlichen Dinge." Kann man in zwei Zeilen mehr des Unsinns sagen? Dahin kommt man, wenn man sich auch nur versuchsweise vom Boden der Thatsachen entfernt. Das Wortgeklingel ist überhaupt in Feuerbachs Schrift zu arg. Zu meinem nicht geringen Erstaunen, aber im Einklange mit seiner Gattungstheorie spricht Feuerbach von dem „frevelhaften Wahn", das Wesen der Gattung, das was die Natur des Menschen constituirt, welches das absolute Wesen des Individuums ist, als beschränkt zu bestimmen. Er sagt weiter: „Der beschränkte Verstand und das beschränkte Wesen passen auf das Genaueste zusammen, wie sollten sie mit einander zerfallen können?" Wo hat denn Feuerbach nachgewiesen, daß unsere Gehirnfunktion nicht über die Grenzen des Möglichen hinauswolle? Nach Feuerbach ist der mittlere Mensch, welcher die Gattung repräsentirt, vom einzelnen Individuum himmelweit verschieden. Die Gehirnfunktion des mittleren Menschen hat nach seiner Meinung mit den unveränderlichen Schranken des Individuums Nichts zu thun. Wo sind die Materialien, auf welche sich dieses Stück Wahrheit gründen soll? Feuerbach brandmarkt in seiner Vorrede die Jämmerlinge, welche das Naturstudium nur jusqu'à la vérité erlauben wollen. Wodurch unterscheidet Er sich denn von ihnen, der von „frevelhaftem Wahn" spricht. Wie kommt Feuerbach zu diesem ungeheuerlichen Worte, Er, der sich die nackte, unverhüllte Wahrheit zum Ziele gesetzt hatte. Hier haben wir ein sehr bezeichnendes Beispiel von den Folgerungen, zu welchen die Systemmacherei führt. Selbst ein Feuerbach kann nicht zu Stande kommen, ohne von „frevelhaftem Wahn", „geistlosem Materialismus", „Bequemlichkeitsliebe", „Trägheit", „Eitelkeit, u. s. w. zu sprechen. Anders wir. In der unheilbaren Trostlosigkeit des Materialismus verlieren wir nicht derart den Kopf, daß wir sagten: Weil der Materialismus uns keine heitere Lebensanschauung gewährt, darum wollen wir der Wahrheit eine Ohrfeige geben; darum ist die Wahrheit, welche auch uns als solche erscheint, dennoch Unsinn. Unser Unglück ist, daß wir mehr wollen als können, daß wir fliegen wollen und doch nicht fliegen können. Wer einsieht, daß er nicht fliegen kann, ist klüger als der, welcher diese Kunst zu verstehen vermeint; aber er ist auch unglücklicher, weil er einsieht, daß er sie nie lernen werde. Feuerbach sagt: „Gebunden an äußere Rücksichten, in den Banden des gemeinsten Empirismus noch befangen, unfähig, die Seelengröße des Gefühls zu begreifen, erschrickst Du vor dem religiösen Atheismus Deines Herzens und zerstörst in diesem Schrecken die Einheit Deines Gefühls mit sich selbst." Was heißt: „gemeinster Empirismus", „Seelengröße des Gefühls", „Erschrecken vor dem Atheismus?" Nun, diese Ausdrücke erinnern an den „frevelhaften Wahn." Das Versprechen, welches uns Feuerbach in den obigen Worten indirect gab, die Einheit des Gefühls mit sich selbst herzustellen, hat leider! auch er nicht halten können.

Als wirklicher Materialist gebe ich natürlicherweise Nichts auf Autoritäten. Dessenungeachtet citire ich einige Worte Carl Vogts, des Fachgelehrten, mit welchen er der Gattungstheorie das Urtheil spricht: „Man hat künstliche Mißgeburten erzeugt, indem man dem Ei oder dem werdenden Embryo verschiedene Verletzungen beibrachte, ohne daß die leitende Grundidee dieser gezwungenen Abweichung ihres Planes hätte widerstehen können. Man veränderte also mit der materiellen Zusammensetzung auch die Idee selbst, und hatte diese gewissermaßen in seiner Gewalt. Es ist ersichtlich, daß wir selbst die Forderungen verwerfen müssen, welche aus dem Begriffe hervorgehen, den man unter dem Namen der „Idee der Gattung" aufgestellt hat. Man hat sich genöthigt gesehen, diesem Prinzipe gemäß unter den Mißbildungen verschiedene Classen aufzustellen, je nachdem dieselben die Idee der Gattung nicht erreichen; überschreiten oder von derselben abweichen. Analysirt man diesen Begriff näher, so kommt man eben darauf, in dieser Idee der Gattung den schöpfenden, selbstbewußten Gedanken wiederzufinden, der, von der Materie losgelöst, dieselbe nach seinen Capricen modelt. Es wurde schon oben des Weiteren auseinandergesetzt, daß wir einen solchen Begriff nicht anerkennen, sondern vielmehr in dem Keime eine bestimmte Materie erkennen, die sich eben ihrer Zusammensetzung gemäß in besonderer Weise entwickeln muß. Weicht diese materielle Zusammensetzung primitiv in irgend einem Punkte ab oder wird durch irgend einen Zufall dieselbe später gestört, so erhalten wir eben als Resultat dieser materiellen Störungen die Mißbildung im weitesten Sinne des Worts. Auch hier bekennen wir offen, daß unserer Ansicht nach nur der reinste, unverfälschte Materialismus zu erklecklichen Resultaten in der Wissenschaft führen kann." So spricht Carl Vogt als Materialist. Hören wir in „Köhlerglaube und Wissenschaft" nun auch den Gattungstheoretiker Carl Vogt. Da sagt er: „Wohl ist der Mensch ein geselliges Wesen, das nur in und mit der Gesellschaft existiren kann. Wir erblicken die Bürgschaften einer gesellschaftlichen Ordnung in der Gleichberechtigung aller Menschen, in der gleichmäßigen Freiheit Aller, in der Herstellung eines möglichst großen Glückes für Alle. Unser moralisches und ästhetisches Gefühl, welches wir demjenigen unserer Gegner mindestens ebenbürtig setzen, fühlt sich durch diese Grundlagen ebenso befriedigt, als es von den Grundlagen der moralischen Weltordnung unserer Gegner beleidigt wird." Von der moralischen Weltordnungstheorie der Philosophen und Theologen weiß auch ich nicht viel Lobenswerthes zu sagen, aber ich weiß andererseits durchaus nicht, woher ich die Befriedigung über die neuen Grundlagen nehmen soll. Nach unseren in den obigen Capiteln von Moral und Gefühl gegebenen Erklärungen lautet Vogts Satz wie folgt: Unser sich auf die Statistik der Nothwendigkeit gründendes, d. h. prinzipiell selbstsüchtiges und Ideale verfolgendes Gefühl fühlt sich durch die Grundlagen des noch auszubildenden Gattungsgefühles befriedigt. Die Ausbildung jenes Gattungsgefühles ist Vogt eine Bürgschaft für eine gesellschaftliche Ordnung, die sich auf die Gleichberechtigung Aller, auf die gleichmäßige Freiheit für Alle, auf die Herstellung eines möglichst großen zeitlichen Glücks Aller gründen soll. Vogt trägt seinen Liberalismus in die Wissenschaft. Ich denke in den obigen Capiteln genügend nachgewiesen zu haben, daß Freiheit eine Unmöglichkeit ist, Gleichheit ein Unglück und Brüderlichkeit ein Ideal. Was soll denn aber jenes noch auszubildende Gattungsgefühl einst leisten? Es soll uns Nachsicht, Aufopferungsfähigkeit, ja selbst, wie Moleschott will (Kreislauf, Seite 460), Feindesliebe einflößen, gleichzeitig aber unsern Gerechtigkeitssinn, d. h. unsere prinzipielle Selbstsucht befriedigen; es soll uns zur Dankbarkeit, Treue, Großmuth, Opferwilligkeit geschickt machen, auch wenn der Selbsterhaltungstrieb gebieterisch die Durchführung des Prinzips der Selbstsucht verlangt; es soll alle die unendlich vielen Conflicte, in welche uns unsere unablässig thätigen Leidenschaften mit den unmöglichen Forderungen unseres idealen Selbstes bringen, in befriedigender Weise lösen. Ist dies nicht ein Krieg auf Leben und Tod? Entweder die Leidenschaften fallen oder das ideale Selbst. Oder der Krieg dauert so lange fort, bis das Alter die Leidenschaften verschwinden macht, welche nur ein Attribut der ungeschwächten Kraft sind, die anderen (Geiz, Spielsucht, Trunksucht u. s. w.) aber desto mehr und zäher festhält. Man wende uns nicht ein, daß es alle Leute gebe, welche durchaus ehrwürdig seien. So sagt z. B. Feuerbach: „Die Zell (das will sagen: das Alter) ist das Mittel, Gegensätze, Widersprüche in einem und demselben Individuum zu vereinigen. Wirklich alle Leute haben keine Leidenschaften mehr und wer keine Leidenschaften hat, ist stumpfsinnig, verdient nicht mehr den Namen eines Menschen. Der Mensch ist die Summe seiner Leidenschaften. Diese sind das Beste oder auch das Schlimmste, was wir haben und sie könnten unser Glück ausmachen, wenn der Mensch in ähnlicher Art ein Ganzes wäre wie das Thier, d. h. wenn ein richtiger Instinkt ihm die unmöglichen Hoffnungen und somit die Enttäuschungen, den Katzenjammer nach jedem Genuß ersparte, wenn eine beschränktere und darum uns angemessenere Gehirnfunktion uns nicht erlaubte, unsern Zustand zu kritisiren, wenn wir nur den Geschmack, kein Urtheil hätten.

VIII.

Das Spiel.

Derjenige, welcher viel Ortssinn besitzt, versteht zu abstrahiren, d. h. das Allgemeine aus dem Besonderen herauszufinden, richtige, gründliche Vergleiche anzustellen; er gelangt zur Klugheit, während Derjenige, welchem es an Ortssinn gebricht, nur lebensklug werden kann. Diesem wird es schwer, das Allgemeine herauszulesen; er liebt das mühelose Reflectiren, haftet deshalb mit Vorliebe am ersten Eindrucke; er denkt nur an das Zunächstliegende; er versteht es, die Vergangenheit zu vergessen, und sich um die Zukunft keine Sorge zu machen; er glaubt noch an Glück, und so lange einem Solchen die Gegenwart erträglich ist, ist er auch glücklich. Außerdem resultirt die Hoffnung aus dem Selbsterhaltungstriebe, und dieser Selbsterhaltungstrieb ist eine unendlich große Kraft, welche sich ebenso stark äußert, als man ihr entgegenwirkt, d. h. sie setzt den lebenzerstörenden Kräften immer einen gleich großen Widerstand entgegen. Je größer der Angriff, desto größer die Vertheidigung; je größer das Unglück, desto größer die Hoffnung, desto größer der Glaube. Deshalb ist Gott da am nächsten, wo die Noth am größten.

Lebensglück kann nur in einer entsprechenden Thätigkeit der Organe gedacht werden. Lebensglück ist Gedeihen. Darum ist das mehr oder minder gesunde Aussehen meistens ein Maßstab des Glückes. Je stärker die Function der Organe, desto größer das Glück. Nur das Gehirn macht eine Ausnahme. Je tiefer ein Organismus steht, d. h. je einfacher seine Funktionen sind, je geringer die Individualität, der freie Spielraum innerhalb unveränderlicher Schranken, desto größer das Glück. Zweifelsohne sind die Thiere ohne Nerven glücklicher als die Thiere mit Nerven. Die Enden der organischen Stufenleiter sind die anorganische Natur und der Mensch, d. h. das vollendete Glück und das vollendete Unglück. Wir sahen, der Mensch sei die Summe seiner Leidenschaften; die Summe seiner Leidenschaften wird jedoch durch die Krisis zur Summe seines Unglücks. Deshalb können wir auch sagen: Der Mensch ist die Summe seines Unglücks. Wir fallen in die Scylla unserer Leidenschaften, welche wir kritisiren müssen, wenn wir die Charybdis der Langweile vermeiden wollen. Die Spiele der Jugend stehen in schneidendem Gegensatz zu dem Ernste des Lebens. Spiele bedeuten Ernst, sind nicht Ernst. Sind doch alle Dinge in der Welt nur so viel werth, als sie für uns bedeuten. Deshalb gelten dem echten Spieler die Spiele für Ernst. Sie haben aber vor dem wirklichen Ernst das voraus, daß in ihnen nur das Interessante, nicht das Langweilige des Ernstes vertreten ist. Auf den Brettern, welche die Welt bedeuten, drängen sich in wenigen Stunden die Ereignisse eines ganzen Lebens. In einem guten Drama wird nie übertrieben. Damit dem Genusse nicht die Spitze abgebrochen werde, fällt der Vorhang im geeigneten Momente, die Musik fällt ein und macht das Publikum für den folgenden Akt empfänglich. Die zwischen den Ereignissen liegende Langweile würde alle poetische Wärme erkälten. Die Zeit, welche alles Neue veralten macht, gehört dem Spiele nicht an, sie findet sich nur im wirklichen Leben. Auf dem Schachbrette wird ein Interessanter Krieg geführt, in welchem unblutige Schlachten geschlagen werden und in welchem die Truppen von Hunger, Durst, Krankheiten und forcirten Märschen Nichts zu leiden haben. Spielen müssen wir, so lange wir leben; wenn wir aufgehört haben zu spielen, so haben wir aufgehört zu leben: In Ermangelung von etwas Angenehmerem spielen wir sogar mit unserem Unglück, unserer Verzweiflung. Wir sagten, die Religion entspringe aus dem Bedürfniß zu träumen; wir hätten aber ebensowohl sagen können, sie entspringe aus dem Bedürfniß zu spielen. Träumen, sich mit Idealen tragen, hoffen, glauben heißt: Mit der Wirklichkeit spielen. Der Himmel ist ein Luftschloß. Aber zum Spielen gehört ein Spieler. Wer den Eifer eines echten Spielers, Lebenslust, nicht mehr besitzt, wer seine Spiele nicht für Ernst nimmt, der kann nicht mehr spielen, der ist blasirt, der ist alt. Zum Spielen gehört das Attribut der seeligen Götter, die Jugend. Wer die Cardinalfrage, ob Sein, verneint, der verneint das Interesse. Denjenigen, welcher sie verneint, den nennen wir blasirt, alt; den, welcher sie bejaht, lebenslustig, jung. Die vorzugsweise sinnliche Jugend bejaht das Interesse vorzugsweise, sie ist deshalb vorzugsweise lebenslustig.

Zu Dem, wozu wir Lust haben, nennen wir uns um so mehr berufen, als gemeiniglich die Lust zu einer Thätigkeit mit der Fähigkeit zu derselben Hand in Hand zu gehen pflegt; denn lebenskluge Leute versuchen nur da zu glänzen, wo ihnen die angeborene Befähigung den Erfolg verbürgt. Unsere Befähigung, unsere Lust und die äußeren Verhältnisse weisen uns dann unsern Platz in der gegenseitigen Bewunderungsanstalt an. Wir leben und wir wollen gut leben, d. h. wir wollen unsere Sinne angenehm beschäftigen, d. h. wir wollen spielen. So viel Sinne, so viel Spiele. Wir werden das Spiel am liebsten spielen, welches uns am meisten beschäftigt, unterhält. Schlechte Beobachter, Menschen von leichtem Sinn denken nur an das Zunächstliegende; beobachtende, ernste Charaktere dagegen blicken auch in die Zukunft, verfolgen deshalb entferntere Zwecke, arbeiten. Die ernsten Charaktere bilden die Majorität. Deshalb ist das beliebteste Spiel die Arbeit.

Spielen heißt: Nach Maßgabe der eigenen Wünsche eine Wirklichkeit construiren, sich ein Ziel setzen, wo keines ist, und dieses Ziel mit Eifer verfolgen, gleich als ob es ein reelles wäre. Weil den meisten Menschen ihr Standpunkt noch gar nicht klar ist, deshalb sind sie noch halbe Kinder, deshalb können sie noch ernsthaft spielen, deshalb betreiben sie noch die Arbeit nach Prinzipien, deshalb geben sie vor nach Grundsätzen zu leben, deshalb dichten sie den Thatsachen eine unerbittliche Logik an. So schafft das Prinzip der Selbstsucht die Ideale im Angesicht der Trostlosigkeit unserer Lage und stellt die Zweckmäßigkeitstheorie und deren schwächere Form, die Gattungstheorie auf; ja, selbst das vornehmste menschliche Institut, die gegenseitige Bewunderungsanstalt verdankt nur dem durch die Trostlosigkeit unserer Lage geschaffenen, prinzipiell selbstsüchtigen Bedürfniß des Menschen ihr Dasein. Weil ich weiß, daß der Religiöse, der Zweckmäßigkeitsmann, der Gattungstheoretiker, das Mitglied der gegenseitigen Bewunderungsanstalt, nur dem Bedürfniß, dem Verlangen gehorchen, die Einheit und Vollendung ihres Wesens herzustellen, darum bin ich tolerant. Doch meine Toleranz hat noch einen anderen Grund. Man wird tolerant nach allen Seiten hin, wenn man von keiner Seite mehr etwas hofft. Das ist der Indifferentismus des Totmüden, der sich kaum nach den ihn umgebenden Schreiern umstehl. Wenn dann der Todtmüde etwa dem schreienden Gesindel begreiflich machen will, wie sehr und warum er müde sei, so hören sie ihn kaum, lachen ihn wohl gar aus. Aber Geduld! Die Raserei nimmt ein Ende. Die Ermattung ist nur eine Frage der Zeit; je früher sie eintritt, desto besser. Jeder aufmerksame Brobachter wird das Bedürfniß zu träumen anerkennen müssen; und wer das Bedürfniß zu träumen anerkennt, der könnte nur bei klarem Bewußtsein träumen, d. h. er kann eben nicht träumen. Der Glaube jedoch ist ein Kunstwerk, man kann es zerstören, aber nie ersetzen. Es giebt zwei Arten von Toleranz, eine Toleranz, welche in der fremden Ansicht die eigene Ansicht achtet und eine andere, welche mit der eigenen alle fremden Ansichten verachtet. Die erste Art von Toleranz besitzt der selbstzufriedene Gattungstheoretiker, die letztere gehört dem Materialisten an.

Unsere obige Behauptung, daß die Arbeit das beliebteste Spiel sei, wird indirect durch das Sprüchwort bestätigt: „Müßiggang ist aller Laster Anfang." Nur Dem ist Arbeit eine Last, der ohne Hoffnung arbeitet. Um jedoch das Feuer der Spielenden nicht erlöschen zu lassen, nennt man „Gewinnen" sich „Verdienste erwerben" und gewährt dem Gewinnenden ein Avancement auf der wohlabgetheilten gesellschaftlichen Stufenleiter. Den Matadoren des Spieles setzt man sogar Monumente. Noch nach Jahrtausenden erzählt man sich, ein wie guter Spieler Der oder Jener gewesen, d. h. der Gewinnende lebt im Tempel des Nachruhms. So freut sich denn auch der Handlanger bei dem vermeintlichen Bau der Ewigkeiten seiner Stelle, bietet dem Verächter Trutz. Sein Wahlspruch ist:

„Immer strebe zum Ganzen! und, kannst Du selber kein Ganzes
Werden, als dienendes Glied schließ' an ein Ganzes Dich an!"

Die Mitglieder der gegenseitigen Bewunderungsanstalt bedienen sich auch eines kleinen Kunstgriffes. Sie legen dem Widerstand gegen ihre Thätigkeit eine große Kraft bei, um die Ueberwindung dieses Widerstandes desto mehr bewundern zu können. So spricht der Schneider von den unschönen Körperformen der meisten Menschen, um die Belleidungskunst der Plastik an die Seite zu stellen; so lobt der Feldherr die Tapferkeit des Feindes, um sein eigenes Talent desto mehr herauszustreichen u. s. w. Glücklichen Spielern, d. h. Leuten, welche einen hervorragenden Platz in der gegenseitigen Bewunderungsanstalt einnahmen, widmet man bei ihrem Austritt einen Nachruf. Kürzlich fiel mir ein wohlstylisirter Nachruf des edlen Phylax an meinen verlorenen Hund, den unvergeßlichen Schusterle in die Hände, den ich an dieser Stelle zur gefälligen Abschriftnahme den ehrenwerthen Mitgliedern der gegenseitigen Bewunderungsanstalt empfehle; er lautete: „Verschollen ist der edle Schusterle, mit ihm einer der berühmtesten und genialsten Hunde seiner Zeit. Ich sehe ganz von den Eigenschaften ab, welche alle Hundecharaktere zieren, als da sind: Wachsamkeit, feine Nase, Sklavensinn, Bissigkeit u. s. w., diese besaß unser heimgegangener Schusterle in hohem Grade; aber erwähnen muß ich, daß seine Kenntnisse das Staunen aller Derer erregten, welche ihm nahestanden. Von der Natur mit herrlichen Anlagen ausgerüstet, bildete er sich unter den Augen seines Herrn aus. Er schoß die Purzelbäume mit einer Grazie und Gewandtheit, die unvergleichlich genannt zu werden verdienen. Wenn man ihm ein Stück Schinken anbot, so beobachtete er die gemessenste und anständigste Zurückhaltung, bis sein Herr ihm das Fressen gestattete. Kurz, er war ein Hund, welcher in einem unscheinbaren Felle eine große Seele barg.

Sein Name lebt in der Geschichte für alle Geschlechter und Zeiten!"

Man unterhält sich, indem man mit einem Anderen von dessen Angelegenheiten spricht oder ihn selbst davon sprechen läßt; oder indem man von Dingen und Ereignissen spricht, deren Kenntnißnahme dem Anderen für dessen eigenes Leben belehrend sein kann oder welche in ihm irgend eine Erinnerung wecken; kurz indem man den Anderen interessirt; ferner, indem man ihm Gelegenheit giebt, seine Individualität von der seiner Meinung nach vortheilhaftesten Seite zu zeigen. Andererseits langweilen wir uns in der Gesellschaft von Leuten, welche uns nie zu Worte kommen lassen, uns von ihren Angelegenheiten unterhalten oder von Dingen und Ereignissen sprechen, welche uns nicht im Mindesten angehen. Leute von gutem Ton sind demnach Menschen, welche die Kunst verstehen, sich gegenseitig zu interessiren, welche sich gegenseitig Gelegenheit geben, sich von der ihrer Meinung nach besten Seite zu zeigen. Sie sind demnach Mitglieder der gegenseitigen Bewunderungsanstalt. Am besten unterhalten sich Leute von starker Phantasie, Leute, welchen weniger daran zu liegen scheint, gehört zu werden, als vielmehr zu sprechen; sie erzählen sich gleichzeitig das sie Interessirende und unterhalten sich deshalb auch gleich ausgezeichnet.

Vor nicht gar langer Zeit fragte mich ein junger Mensch um Rath; ich gab ihm folgende Antwort:

„Lieber Kleiner! Du verlangst von mir einen Rath, wie Du Dein Leben einrichten sollest. Abgesehen davon, daß die Einrichtungen für Dein ferneres Leben theils in, theils außer Dir schon getroffen sind, theils ohne Dein Zuthun getroffen werden, will ich Dir doch sagen, wie ich meine, daß Du Dich am besten Deiner von unverrückbaren

Schranken umgebenen individuellen Freiheit bedienen kannst. Ich kann Dir, streng genommen, eigentlich nur den Rath geben, welchen ich selbst zu befolgen gedenke, und welcher auf uns Beide anwendbar ist, weil er von unseren äußeren Lebensverhältnissen nicht abhängt. Der Rath wäre: Zerstöre Deine Vorurtheile theils durch eifriges Studium der Physiologie und Geologie, theils dadurch, daß Du alle Genüsse, welche Dir jetzt noch unbekannt sind und darum interessant, poetisch erscheinen, bis zur Neige durchkostest; dann wirst Du durch die wohlthätige, obwohl mit Fieberschauern verbundene Krisis des Materialismus aus der Krankheit des Lebens zur Genesung, zum Tode gelangen und Du wirst den Vortheil haben, in ewiger Gesundheit, im Nichts zu sein oder vielmehr nicht zu sein. So würde ich zu Dir sprechen, wenn ich nicht im Voraus wüßte, daß Dir dieser Rath nicht gefiele. Damit Du mich nun für Deinen Freund hältest, will ich Dir keine unangenehme Wahrheit sagen, sondern Dir einen angenehmen Rath geben. Ich sage jetzt: „Wende Alles auf, um recht lange zu leben, schiebe die Entscheidung der brennenden Frage so weit als möglich hinaus; plage Dich so lange als möglich mit der Furcht vor dem Zerscheitern, bis das Zerscheitern endlich doch eintritt. Mit andern Worten: Spare Deine Vorurtheile, sei mäßig, hüte Dich vor Indigestionen! Sei fleißig, denn auf keine Art kann man die Zeit besser todtschlagen als mit Arbeiten!" —

„Ihr bleibt bei meinen Worten kalt;
Euch guten Kindern laß ich's gehen.
Bedenkt! Der Teufel der ist alt;
So werdet alt, ihn zu verstehen." —

IX.

Materialistische Schlußbetrachtung.

Die von Feuerbach und Moleschott aufgestellte Gattungstheorie dient nur dazu, die mögliche Verständigung der Religiösen und Materialisten zu erschweren. Der nackte Materialismus, wie ich ihn bisher entwickelt habe, räumt gern ein, daß er ein trostloser, unheilbar trostloser Standpunkt sei; d. h., er selbst will nicht die Heilung übernehmen; vielmehr überläßt er es der Religion, in den Nebelgefilden der Hoffnung zu experimentiren. Er ist sogar in der Lage, ihr mit dem besten Humor gute Verrichtung zu wünschen, er läßt ihr wenigstens Etwas, was wie ein Entstehungsgrund aussieht, gesteht ihr in einem gewissen Grade eine Art von Berechtigung zu. Anders die Gattungstheorie. Denn diese will von der Trostlosigkeit unserer Lage Nichts wissen. Religion und Gattungstheorie wollen heilen, beglücken. Das Object ihrer Concurrenz ist der Mensch. Darum besteht zwischen ihnen eine Feindschaft auf Leben und Tod. Der Streit zwischen Religion und Materialismus würde nur dann mit Recht ein erbitterter sein, wenn der Materialismus bar Religion an's Leben wollte.

Wir haben oben gesehen, warum der Materialist tolerant ist. Der Philosoph ist tolerant, weil er eine eigene Entwicklung kennt und achtet. Diese kennt der Theologe nicht.

Die Offenbarung ist gegeben. Der Glaube wird mit einem Schlage oder nie erworben. Deshalb muß der Religiöse gegen den Ungläubigen intolerant sein; und deshalb verspreche ich mir auch nicht eine ernstliche Verständigung mit den Theologen. Wer vom Materialismus Nichts wissen will, der muß sich in der That ganz ernstlich fragen, ob es nicht gerathener sei, sich in süßen Träumereien goldene Trugbilder vor die Seele zu zaubern, als im Lichte der Wahrheit ein kümmerliches Dasein hinzuschleppen. Aus diesem Bedürfniß zu träumen haben, wie wir oben sahen, die Religionen ihren Entstehungsgrund hergenommen. Der Katholicismus hat unter allen jetzt existirenden Religionen den ersten Anspruch auf den Namen einer Religion, hauptsächlich darum, weil er seine Rolle consequent durchführt, d. h. weil er seine Bekenner vor lauter Träumereien, vor lauter Subjectivität nicht zur Objectivität kommen läßt. Religionen dagegen, welche ihre Begründung nicht in dem erwähnten Bedürfnisse suchen, vielmehr, wenn auch nur mit der Fußspitze auf dem Boden der Reflexion stehen, verdienen gar nicht ihren Namen, denn sie verfehlen gänzlich den Zweck, welcher der Entstehung einer Religion zu Grunde liegen muß.

Paulus hat vollkommen Recht, wenn er von einem doppelten Gesetze spricht, von dem Gesetz des Fleisches, welches wir Prinzip der Selbstsucht nennen, und dem Gesetze in seinem Gemüthe, welches für uns freilich nur das Bedürfniß nach Pathos ist. Auf das Gebiet seines Glaubens vermögen wir Materialisten ihm freilich nicht zu folgen, die wir uns einmal auf der abschüssigen Bahn des Naturstudiums befinden. Denn wer fände wohl die Kraft, den steilen Berg des Glaubens zu erklimmen, nachdem er einmal im Spiegel der Wissenschaft sein wahres Gesicht gesehen? Doch Nein! Ich täusche mich. Es ist ja das Privilegium der Männer der goldenen Mittelstraße, Berg und Thal zu verbinden, mit den Unebenheiten des Berges die Tiefen des Thales auszufüllen und darüber eine bequeme Lebensstraße zu führen.

> „Wie nur dem Kopf nicht alle Hoffnung schwindet,
> Der immerfort an schaalen Zeuge klebt,
> Mit gier'ger Hand nach Schätzen gräbt
> Und froh ist, wenn er Regenwürmer findet!"

Bei der täglich wachsenden Erbitterung, mit welcher der Kampf zwischen dem Alten und Neuen, dem Glauben und Wissen geführt wird, kann es wohl kommen, daß man fortan nicht mit der sich immer mehr abstumpfenden Waffe des Worts, sondern mit den nackten Thatsachen streiten wird. Die Wortführer des Alten, des Glaubens könnten sich möglicherweise überzeugen, daß sie bei allgemeiner Volksbildung Nichts verlieren; sie könnten es in ihrem wohlverstandenen Interesse finden, das eigentliche Volk an den Abgrund der Wirklichkeit zu führen, damit ein Jeder eine klare Aussicht habe auf die Trostlosigkeit unserer Lage. Es wäre dies ein va banque Spiel; ich wage nicht zu behaupten, daß der Sieg dem Glauben an den lebendigmachenden Buchstaben gewiß sei, aber ich lege ihm mehr Wahrscheinlichkeiten des Erfolgs bei. Mir erscheint es als wahrscheinlich, daß der Materialismus sich nicht wird geltend machen können. Materialisten sind bei dem vermeintlichen Bau der Ewigkeiten nicht gut zu verwenden. Der Materialist ist alt; zur Arbeit, zum Spiel bedarf man aber der Jugend, der Lebenslust, der daraus resultirenden Lebensklugheit, welche letztere der Klugheit des Materialisten, wie wir oben sahen, gerade entgegengesetzt ist. Jugend und Lebenslust dürften die Menschheit über die Trostlosigkeit ihrer Lage hinwegtragen *), und so wäre es denn möglich, daß aus dem Bedürfniß zu träumen eine neue Religion sich entwickelte. Wenn dann die Begründer dieser neuen Religion aus den Fehlern ihrer Vorgänger Etwas gelernt haben, so mögen sie nicht die Thorheit nachahmen, sich mehr oder weniger auf den Boden der Reflexion zu stellen. Als Materialist weiß ich natürlich nicht, woher ich das Interesse nehmen soll, um den Plan zu einer neuen Religion zu entwerfen. Mein Geschäft ist, zu verneinen. Aber einige Bausteine zu dem neuen classischen Kunstwerk des Glaubens finden sich zufälligerweise jetzt in meinem Hirnkasten vor. Ich will sie bereitwilligst zum allgemeinen Besten veröffentlichen. Man mache es zu Glaubenssätzen, zu unumgänglichen Geboten der Religion, daß Niemand auch nur die ersten Vorarbeiten zum Betreiben von Wissenschaft, zur Verbrüderung oder besser Verflachung der Völker, zur Ertödtung der Vorurtheile treffe. Es muß verboten werden, tiefer in die Erde zu graben, als nöthig ist, um den Grund zu einem Hause zu legen, das Papier muß für eine Erfindung des Teufels erklärt, der Kompaß ein für allemal abgeschafft werden; alle Secirungen von Menschen und Thieren müßten als die Schöpfung schändend, alle Diejenigen, welche physikalische Versuche anstellen, als Leute dargestellt werden, welche Gott, den Allheiligen versuchen. — In dem Kriege zwischen den Leidenschaften und dem idealen Selbst liegt vielleicht dann kein innerer Widerspruch. Es muß zwischen beiden, wie dies denn auch schon in früheren Fällen geschehen ist, eine

---

*) Ueber die Langweile, dieses Attribut alles Dauernden, der Zeit, der Ewigkeit, können uns nur die Ergebnisse der Subjectivität, der Phantasie und Speculation, die Philosophie oder noch besser die Religion hinwegtragen.

Art von Waffenstillstand mit gegenseitigen Abschlagszahlungen geschlossen werden. Nur der unumgängliche Theil der Leidenschaften darf durchgeführt werden, aber dieser Theil wird heiliggesprochen, während die Befriedigung der übrigen Leidenschaften Sünde genannt wird. Der Mäßigung wird hoher Werth beigelegt. Das ideale Selbst wird in der Theorie aufrecht erhalten, praktisch größtentheils aufgegeben. Nur so könnte es gelingen, die Schlla der Leidenschaften und die Charybdis der Langweile zu umschiffen. Wenn es ihnen nicht gelingt, den Buchstaben ihrer Satzungen in den genügenden Respect zu setzen, wenn sie nicht durch Einführung von Kastenwesen*), Orakeln, Symbolen, Orden, Verblendsüchtigkeit der guten Werke, Ablaß, Reliquien, Bilderdienst, Heiligenverehrung, Festlichkeiten u. s. w. und anderer, neuer Einrichtungen, welche ich gern ihrer Erfindungsgabe überlasse, die Welt derart mit Vorurtheilen zu bestricken, daß kein Mensch mehr Lust zeigt, den Dingen auf den Grund zu sehen, zu speculiren oder wohl gar Wissenschaft zu treiben; wenn, sage ich, ihnen dieses Meisterstück nicht gelingt, so ist ihnen dasselbe traurige Ende zu prophezeihen, welches wir Materialisten unabwendbar mit sicherem Schritte kommen sehen.

> „Nicht zur Rechten, nicht zur Linken
> Kann ich vor dem Schreckniß fliehn!
> Nicht die Blicke darf ich wenden;
> Wissend, schauend, unverwandt
> Muß ich mein Geschick vollenden!"

---

*) Der Abtheilung der gesellschaftlichen Stufenleiter muß ganz besondere Sorgfalt zugewendet werden.

Druckfehler.

S. 17 Z. 7 von oben statt: letzteren lies letzteren.
S. 17 Z. 15 „ „ statt: Freude lies Freunde.
S. 17 Z. 1 „ unten statt: prinzipellen lies prinzipiellen.

www.ingramcontent.com/pod-product-compliance
Lightning Source LLC
Chambersburg PA
CBHW022140160426
43197CB00009B/1372